Mother's Knee Prayer

사랑하는 자녀를 위한
엄마의 무릎기도문

사랑하는 자녀를 위한
엄마의 무릎 기도문

초판 1쇄 발행 2019년 10월 15일
초판 3쇄 인쇄 2023년 03월 15일

지 은 이 │ 노진향
펴 낸 이 │ 황성연
펴 낸 곳 │ 도서출판 청우
등록번호 │ 제 2001-000055호
주 문 처 │ 하늘물류센타
주　　소 │ 경기도 파주시 광탄면 혜음로 883번길 39-32
연 락 처 │ (031)-906-0011 │ **팩스** (0505)-365-0011

ISBN 978-89-94846-49-1 03230

이책은 저작권법에 의해 보호를 받는 저작물이므로 무단전재 및 복제를 금합니다. 잘못 만들어진 책은 구입하신 서점에서 바꾸어 드립니다.

책 값은 뒤표지에 있습니다

Mother's Knee Prayer

사랑하는 자녀를 위한

엄마의 무릎기도문

노진향 지음

청우

들어가는 글

"어머니의 무릎기도"

나는 문득 어머니를 생각하면 코끝이 찡해지고 가슴이 미어지는 감정을 느끼곤 한다. 어머니의 무릎기도에 대한 독특한 에피소드를 결코 잊어버릴 수 없기 때문이다. 아버지가 일찍 돌아가신 후 어머니는 기울어진 집안 살림을 꾸려 나가기 위하여 이것저것 닥치는 대로 일을 하셨다.

힘든 하루 일과를 마치신 어머니는 깊어가는 늦은 저녁에 교회를 꼭 찾으셨다. 아무리 피곤하고 힘들어도 교회에 안 가면 무슨 큰일이라도 날 것처럼 생각하셨다. 저녁 늦게 올라가신 어머니는 새벽기도를 마친 다음에야 집으로 돌아오셨다.

그리고 곤히 잠들어 있는 내 발을 어루만지며 흐느껴 울며 기도하셨다.

"애비 없는 자식입니다. 벅찬 생활고 때문에 제대로 사랑도 주지 못하고 있습니다. 하나님이 사랑을 듬뿍 주시고 보살펴 주옵소서. 천덕꾸러기 되지 않게 하여 주시고, 이 발이 곁길로 나가지 않도록 꼭 붙들어 주옵소서. 맡기고 의지할 분은 주님밖에 없습니다."

 매일 새벽 빼놓지 않고, 아버지 없이 크는 자식에게 보여주신 어머니의 진한 사랑이 발끝으로 전해지는 기도였다. 나는 발끝으로 전해지는 어머니의 거칠어진 손끝에서 자식을 향한 어머니의 애절한 사랑을 느낄 수 있었고, 힘든 형편에 기도라도 하지 않으면 자식이 어떻게 될 것 같은 불안감에, 새벽마다 때 묻은 자식의 발끝을 놓지 않으셨던 어머니의 애달픈 감정을 느낄 수 있었다.
 또한, 나는 어머니의 기도소리를 들으며 간혹 마음속으로 파고드는 불손한 생각들을 걸러낼 수 있었고, 불우했던 청소년기에 허기진 배를 어머니의 눈물의 기도로 채우며 견뎌낼 수 있었다. 이와 같은 발끝으로 전해지는 어머니의 기도는 내가 성년이 되어서 결혼한 다음에야 끝을 맺으셨지만, 종지처럼 소박한 목회자로 쓰임 받고 있는 자식을 위하여 교회를 떠나지 않고 불철주야 기도의 삶을 사시다 아흔다섯에 주님 품에 안기셨다.
 내가 '엄마의 무릎기도'란 기도문을 써보기 위하여 다시 용기를 낸 것도 어머니의 기도에 대한 이와 같은 독특한 경험과 배경이 있기 때문이다.
 숨질 때 되도록 기도하시되 특별히 자식을 위하여 끊

임없이 기도하셨던 어머니의 애절하고도 간절한 기도의 흔적들을 하나씩 끄집어내어 기도문에 담아내고 싶었다.

무수히 많은 세월 속에 녹아 있는 어머니의 무릎기도를, 이 작은 한 권의 책에 어찌 다 담아낼 수 있겠냐마는, 나 또한 지금은 두 아이를 둔 부모이기에 자녀를 위하여 진실한 기도무릎을 꿇기 원하는 어머니들에게 작은 도움이 되기를 바라는 마음으로 어머니의 기도를 더듬어 보았다.

이 책을 접하는 어머니들에게 자녀를 위한 탯줄과 같은 기도의 생명줄을 하늘로 연결해 볼 수 있기를 바란다.

끝으로, 뼈를 삭게 만드는 온갖 고초 속에서도 평생을 기도의 삶을 사시다 주님 품에 안기신 사랑하는 어머니에게 이 책을 바친다.

"어머니 고맙습니다.
당신의 이름은 사랑이셨습니다.
당신은 그 누구도 흉내 낼 수 없는
영적 거장이셨습니다."

만삭되지 못한 자 **노진향**

이 책의 효과적인 사용을 위한 안내

1. 자녀를 위해 기도하고 싶을 때 언제든지 사용하십시오.

2. 하루 한 번 이상 자녀를 위하여 기도해주십시오.

3. 유아기 자녀의 머리에 손을 얹고 기도하거나, 손과 발을 만져주며 기도할 수 있습니다.

4. 기도한 날짜를 체크하십시오. 이 기도문은 읽기 위한 기도문이 아니라, 기도하기 위한 기도문입니다.

5. 같은 기도문의 내용이라 할지라도 한 번의 기도로 끝나는 것이 아니라, 2~3일 정도 반복하여 기도하는 것도 좋습니다.

6. 특별히 은혜되는 기도문의 문구는 기도할 때 두세 번 반복해서 기도하면 더 큰 은혜가 됩니다.

7. 교회와 같은 특별한 기도처에서도 기도문을 사용하며 자녀를 위하여 기도하실 수 있습니다.

8. 이 기도문을 자녀에게 적용하면서 기도하다 보면 부모 자신도 변화를 경험할 수 있습니다.

C O N T E N T S

들어가는 글
이 책의 효과적인 사용을 위한 안내

PART 1
좋은 부모 되기를 소망하는 엄마의 무릎기도문

엄마라서 감사해요 14/ 주를 의뢰하는 아이로 키울게요 16/ 매일 기도가 있게 하소서 18/ 부모의 역할 잘 감당하기 원해요 20/ 뒷모습을 잘 보이게 하소서 22/ 해줄 능력이 작지 않기 원해요 24/ 엄마 손 놓기가 시작됐어요 26/ 잘 적응할 수 있기 원해요 28/ 주님께도 기쁨 되기 원해요 30/ 때에 맞게 양육하기 원해요 32/ 본받고 싶은 부모이게 하소서 34/ 제대로 해주지 못해 속상해요 36/ 맞벌이하고 있어요 38/ 이름만 부모였습니다 40/ 철부지 못난 부모였습니다 42/ 주님 같은 마음을 품게 하소서 44/ 좋은 부모 되기 원해요 46/ 좀 더 관심 가질 수 있기 원해요 48/ 이런 부모 되지 않게 하소서 50/ 그래도 행복을 주는 존재입니다 52/ 부모로 느껴지기를 소망합니다 54/ 부모님 닮은 부모 되기 원해요 56/ 더욱 사랑하며 섬길게요 58/ 믿음의 기도를 본받게 하소서 60/ 믿음의 본이 되기 원해요 62/ 믿음의 부모답기 원해요 64/ 믿음의 영향이 있기 원해요 66/ 조금 더 아이 곁에 있고 싶어요 68/ 주님께 온전히 맡기기 원해요 70/ 영원한 보호자가 되어주세요 72/ 이런 가정이길 소망합니다 74

PART 2
형통의 자녀로 세우는 엄마의 무릎기도문

꿈과 비전의 사람이 되기 원해요 78/ 푯대를 향하여 달려가기 원해요 80/ 긍정의 사람이 되기 원해요 82/ 소명의 사람이 되기 원해요 84/ 자기를 존중할 수 있기 원해요 86/ 주님만을 경영자로 삼기 원해요 88/ 감사의 사람이 되기 원해요 90/ 꼭 필요한 사람이 되기 원해요 92/ 주님만을 의지하기 원해요 94/ 이런 삶의 자세가 있기 원해요 96/ 때에 맞게 살기를 원해요 98/ 행복한 사람이 되기 원해요 100/ 방종의 삶이 되지 않기 원해요 102/ 제한하지 않기를 원해요 104/ 치우치지 않기를 원해요 106/ 기뻐하며 살 수 있기 원해요 108/ 되어주는 사람이 되기 원해요 110/ 잘 사는 삶이 되기 원해요 112/ 잘못을 인정할 수 있기 원해요 114/ 다투지 않기 원해요 116/ 나쁜 꾐에 빠지지 않기 원해요 118/ 부모를 공경할 수 있기 원해요 120/ 보다 나은 삶이 되기 원해요 122/ 행복해지는 눈물이 있기 원해요 124/ 성령의 사람이 되기 원해요 126/ 겸손한 기도 무릎이 있기 원해요 128/ 주님을 잘 섬길 수 있기 원해요 130/ 주님을 위한 열심이 있기 원해요 132/ 참된 믿음이 되기 원해요 134/ 신앙의 심지가 견고하기 원해요 136/ 일할 수 있을 때 일하기 원해요 138

PART 3
자녀의 치유와 회복을 위한 엄마의 무릎기도문

학습능력이 뒤떨어져요 142/ 스마트폰을 너무 좋아해요 144/ 낭비벽이 심해요 146/ 비만이 심해요 148/ 투정이 심해요 150/ 거짓말을 잘해요 152/ 정서적으로 불안정해요 154/ 혼자 있기 좋아해요 156/ 게임을 너무 좋아해요 158/ 사춘기를 심하게 겪고 있어요 160/ 깊은 수렁에서 건져주세요 162/ 아이가 괴로워하고 있어요 164/ 아이가 낙심하고 있어요 166/ 교회를 멀리하는 것 같아요 168/ 반항심이 심해요 170/ 왕따를 당하고 있어요 172/ 방황하고 있어요 174/ 장애가 있어요 176/ 놀림을 당하고 있어요 178/ 아이가 너무 아파요 180/ 아이가 수술대에 오릅니다 182/ 아이가 불치병 환자입니다 184/ 아이가 시한부 판정을 받았습니다 186/ 하늘나라로 보냈어요 188/ 너무나 갑작스런 이별입니다 190

"예수께서 돌이켜 그들을 향하여 이르시되
예루살렘의 딸들아 나를 위하여 울지 말고
너희와 너희 자녀를 위하여 울라"

– 누가복음 23장 28절 –

가장 소중한 직업

하나님,
나의 자녀들과 함께 보내는 오늘이
나의 날임을 아는 지혜를 주옵소서.
자녀들의 생애에는 중요치 않음이 없음이니이다.
이보다 더 소중한 직업은 없고
이보다 더 큰일도 없으며
이보다 더 시급한 과업이
있을 수 없기 때문입니다.
내가 이 일을 미루지도
소홀히 여기지도 말게 하옵시고
당신의 성령으로
자녀를 돌보는 일을 기쁘고 즐겁게
받아들이게 하옵소서.
당신의 은혜로
이 시간이 길지 않음을 알게 하시고
바로 지금이 나의 시간임을 깨닫게 하소서
아이들은 마냥 기다리지만은 않을 테니까요.

- 헬렌 M. 영의 「자녀를 위한 기도」 全文 -

PART 1

좋은 부모 되기를 소망하는
엄마의 무릎기도문

엄마라서 감사해요

말씀을 의지함(Relying on the Word)　　고린도전서 13:8,13

사랑은 언제까지나 떨어지지 아니하되 예언도 폐하고 방언도 그치고 지식도 폐하리라. 그런즉 믿음, 소망, 사랑, 이 세 가지는 항상 있을 것인데 그 중의 제일은 사랑이라

사랑의 주님!
제게 엄마의 자격 주심을 감사합니다.
제게 엄마의 사랑 주심을 감사합니다.
어느 날 문득 제 몸속으로 찾아온 새 생명은 주님의 선물이요, 은총이었습니다. 그때의 그 황홀함은 혼자만 간직하고 누리기에는 도저히 참을 수 없는 기쁨이었습니다. 아이가 출생할 때의 그 기쁨도 엄마만이 느낄 수 있는 감격이요 주님의 축복이었지요. 아이가 자라는 것을 보는 것 또한 주님이 제게 주신 특권 중의 특권임을 믿습니다.
주님! 언제까지인지는 모르겠지만 주님이 제게 엄마의

자격을 거두시는 그 순간까지 양육의 사명을 잊지 않겠습니다.

요게벳처럼 엄마만이 할 수 있는 사랑을 쏟아붓겠습니다. 한나처럼 엄마만이 할 수 있는 기도를 주님께 올리겠습니다. 마리아처럼 엄마만이 할 수 있는 희생을 힘겨워하지 않겠습니다. 그리고 유니게처럼 엄마로서 보여줄 수 있는 신앙의 뒷모습을 아름다운 유산이 되게 하겠습니다.

주님! 저를 향하신 주님의 사랑이 죽음같이 강하듯, 아이를 향한 엄마의 사랑도 그 사랑을 닮아가게 하옵소서. 때로 아픔이 오고, 괴롬이 오고, 슬픔이 밀려올지라도 레아가 불렀던 찬송이 제 입술에서 떠나지 않게 하옵소서. 엄마의 모든 것이 아이의 성장과정에 주님께 드려지는 전제와 같은 것이 되게 하옵소서.

예수 그리스도의 이름으로 기도합니다. 아멘

* 전제: 제물위에 마지막으로 붓는 포도주를 말한다. 관제로 표현되기도 하며 생명까지도 기꺼이 내놓을 수 있는 희생을 상징한다.(빌2:17)

기도체크

주를 의뢰하는 아이로 키울게요

말씀을 의지함(Relying on the Word) 디모데후서 1:4~5

네 눈물을 생각하여 너 보기를 원함은 내 기쁨이 가득하게 하려 함이니 이는 네 속에 거짓이 없는 믿음이 있음을 생각함이라 이 믿음은 먼저 네 외조모 로이스와 네 어머니 유니게 속에 있더니 네 속에도 있는 줄을 확신하노라

사랑의 주님!
저에게 엄마라는 아름다운 이름 주심을 감사드립니다.
저를 엄마라고 불러주는 사랑스런 아이를 보며 놀라우신 주님의 은총을 다시 한 번 깨닫게 됩니다.
주님!
눈에 넣어도 아프지 않을 사랑하는 아이를 믿음으로 잘 키울 수 있는 엄마가 되기를 소망하며 기도합니다.
세상의 방법이 아무리 좋고 탁월해도 먼저 주님의 말씀대로 키우기 위하여 마음을 쏟을 수 있게 하옵소서.
세상의 지식을 심어주기에만 시간을 낭비하는 일이 없

게 하시고 아이에게 하나님을 아는 지식을 심어주기 위하여 주님을 더욱 가까이 할 수 있게 하옵소서.

삶에 대한 처세술이 꼭 필요할지라도 그보다 인도하시는 하나님을 의뢰하는 것이 우선되어야함을 아이에게 가르쳐 줄 수 있게 하옵소서.

실력의 힘보다 정직의 힘이 우선되어야 함을 아이에게 심어줄 수 있게 하시고, 최고의 자리보다 최선을 다하는 자리에 주님이 계심을 느끼게 해주는 엄마이게 하옵소서.

물질의 유혹이 있을 때 의지할 대상은 주님밖에 없음을 심어줄 수 있게 하시고, 성공의 기회가 주어졌을 때 주님께 감사할 수 있는 겸손의 가치를 아이에게 심어줄 수 있게 하옵소서.

아이가 세상의 인정을 받기에 앞서 하나님의 사랑을 받고 인정받기를 원합니다.

아이에게 하나님나라를 세워주며 영적인 비전을 세워줄 수 있는 엄마가 되게 하옵소서.

예수 그리스도의 이름으로 기도합니다. 아멘

기도체크

월/일

매일 기도가 있게 하소서

말씀을 의지함(Relying on the Word)　　　　시편 141:1~2

여호와여 내가 주를 불렀사오니 속히 내게 오시옵소서. 내가 주께 부르짖을 때에 내 음성에 귀를 기울이소서 나의 기도가 주의 앞에 분향함과 같이 되며 나의 손드는 것이 저녁 제사와 같이 되게 하소서

사랑의 주님!
부모로서 아이를 위하여 쉬지 말아야 할 것은 끊임없는 기도인 줄 믿습니다. 아이를 위하여 항상 기도할 수 있는 시간이 준비되어 있는 엄마이게 하옵소서.
아무리 급하고 바쁜 일이 있을지라도 아이를 위하여 기도하는 것이 가장 급하고 바쁜 일임을 잊지 않게 하옵소서.
그 어떤 환경적인 장애가 가로막을지라도 열리게 하시는 주님의 능력을 의지하며 죽을 힘을 다해 기도의 자리로 나아가게 하옵소서.
피곤이 온 몸을 짓누르고 뼈마디가 녹아내리는 고통이

있을지라도 아이를 위한 매일 기도를 쉬지 않는 간절함이 있게 하옵소서.

아이를 위한 부모의 기도는 매일 매 순간 하나님이 꼭 듣고 싶어 하시는 기도임을 기억하여 기도를 쉬는 죄를 결단코 범치 않게 하옵소서.

갑작스럽게 병상을 의지하는 일이 있을지라도 아이를 위한 기도만큼은 하루도 멈추는 일 없게 하시고, 병마와 싸우는 순간순간에도 아이를 위한 기도만큼은 희생 제물위에 쏟아붓는 전제와 같은 것이 되게 하옵소서.

길이 안 보이고 사방이 가로막혀 있을지라도 하늘은 항상 열려있음을 기억하여 기도의 두 손을 높이 들고 자식을 향한 뜨거운 기도를 눈물로 드릴 수 있게 하옵소서.

부모로서 제 일생을 마치는 그 순간까지 자식을 위한 매일기도는 결단코 사그라짐이 없이 항상 주님의 보좌 앞에 아침과 저녁 제사로 드려질 수 있는 기도가 되기를 원합니다.

언제나 아이를 위한 매일 기도가 주님 앞에 분향이 되고, 향기가 되며 응답이 되기를 원합니다.

예수 그리스도의 이름으로 기도합니다. 아멘

기도체크

부모의 역할 잘 감당하기 원해요

말씀을 의지함(Relying on the Word) 마태복음 6:28

들의 백합화가 어떻게 자라는가 생각하여 보라 수고도 아니하고 길쌈도 아니하느니라

사랑의 주님!
부족함이 많은 가정임에도 아이가 잘 자라게 하심을 감사드립니다.
아이가 아무 탈 없이 건강하게 잘 자라고 있는 것, 주님의 은총임을 깨닫습니다.
또한 언제나 주님의 사랑의 손길이 아이를 붙들고 계심을 믿습니다.
주님!
아이가 자라는 것을 보며 부모의 역할도 더욱 무거워지게 됨을 가슴으로 느낍니다.
아이가 바르게 자랄 수 있도록 꼼꼼함과 세심한 관심을 놓치지 않는 부모가 되게 하옵소서.

하지만 그것이 지나친 간섭이나 과잉보호로 이어지지 않기를 원합니다. 아이의 독립성을 키워주면서 바른 길로 인도할 수 있는 부모가 되도록 지혜를 더하여 주옵소서.

또한 아이 교육을 위탁교육에만 의존하는 부모가 되지 않기를 원합니다. 아이에게 가장 훌륭한 학교는 가정임을 잊지 않는 부모가 되게 하옵소서.

주님!

아이가 알아가고 자라가는 것이 너무나 대견하여 신앙 교육을 놓치는 부모가 되지 않기를 원합니다.

아이를 사랑하되 우상이 되지 않게 하시며 주님의 말씀 안에서 꿈을 키워갈 수 있도록 이끌어 줄 수 있는 부모가 되게 하옵소서.

주님!

무엇보다 아이의 인격이 신앙의 틀 안에서 잘 다듬어지기를 원합니다. 아이의 미래 또한 믿음의 기초 위에 든든히 세워지기를 원합니다. 매사에 믿음의 본을 잘 보일 수 있는 부모가 되게 하옵소서.

예수 그리스도의 이름으로 기도합니다. 아멘

기도체크

뒷모습을 잘 보이게 하소서

말씀을 의지함(Relying on the Word) 골로새서 3:23~25

무슨 말을 하든지 마음을 다하여 주께 하듯 하고 사람에게 하듯 하지 말라 이는 기업의 상을 주께 받을 줄 아나니 너희는 주 그리스도를 섬기느니라 불의를 행하는 자는 불의의 보응을 받으리니 주는 사람을 외모로 취하심이 없느니라

사랑의 주님!
간혹 저의 말투와 행동이 아이에게서 묻어나오는 것을 보며 깜짝깜짝 놀랄 때가 있습니다. 아이는 부모의 뒷모습을 보며 닮아간다는 말이 피부로 와닿습니다.
은연중에 내뱉은 사소한 말조차도 아이의 인성에 그대로 투영되어 영향을 줄 수 있다고 생각하니 두려움이 앞섭니다.
제 뒷모습이 얼마나 중요한지를 새삼 깨달으며 아이의 인성을 비뚤게 만드는 엄마가 되지 않기 위하여 회개하며 기도합니다.
아이 앞에서 함부로 말하는 일이 없게 하시고 무슨 말

을 하든지 가려서 말할 수 있는 엄마가 되게 하옵소서.
사소한 감정에 치우쳐서 누구를 욕한다거나 비판하는 모습을 보이는 일이 없게 하시고, 불평하거나 헐뜯는 모습을 보이는 일도 없게 하옵소서.
자주 화를 내거나 증오하는 모습도 보이는 일이 없게 하시고, 누구를 미워하거나 원망하는 모습도 보이는 일이 없게 하옵소서.
누구를 무시하거나 판단하는 모습도 보이지 않기를 원합니다. 화를 내거나 저주하는 모습도 보이지 않기를 원합니다.
핑계를 대거나 책임을 돌리는 모습도 보이지 않게 하시고, 남을 속이거나 거짓말 하는 모습도 보이지 않게 하옵소서.
특히 교회와 성도들에 대해서는 부정적인 말을 삼갈 수 있게 하시고, 아이의 신앙 성장에 해가 되는 것은 흉내라도 내지 않게 하옵소서.
주님! 엄마에게는 언제나 특별한 얼굴, 특별한 언어가 있어야 함을 잊지 말게 하소서.
예수 그리스도의 이름으로 기도합니다. 아멘

기도체크

해줄 능력이 작지 않기 원해요

말씀을 의지함(Relying on the Word) 잠언 30:8

나로 가난하게도 마옵시고 부하게도 마옵시고 오직 필요한 양식으로 나를 먹이시옵소서

사랑의 주님!
아이 양육이 물질로 다 되는 것은 아니지만, 물질이 뒷받침 되지 않고는 제대로 아이를 양육할 수 없는 안타까움이 가슴을 아리게 합니다.
부모의 경제력에 따라 아이 교육의 방향이나 질도 충분히 달라질 수 있는 것이 피할 수 없는 현실임을 직시하지 않을 수 없습니다.
주님! 태아에서 시작된 아이의 삶을 잘 세워주고 이끌어 줄 수 있는 부모가 되기를 원합니다.
아이에게 첫 젖을 물리며 품 안에서 약속했던 모든 것들을 끝까지 지켜줄 수 있는 부모이고 싶습니다.
주님!

제가 주님께 구하고 있는 것이 탐욕이 아님을 우리 주님은 아시지요?
도와주세요.
아이에게 해줘야 할 것이 있을 때 해줄 능력이 너무 작아 아이를 가슴 아프게 만드는 부모가 되지 않도록 도와주세요.
아이에게 눈물이 되고, 괴롬이 되고, 아픔이 되는 물질이 되지 않도록 이끌어주세요.
아이가 하고 있고, 꿈꾸고 있는 모든 소중한 것들을 잘 지켜주고 뒷받침해줄 수 있는 부모가 되게 해주세요.
주님!
아이에게 육신적으로나, 정신적으로나, 영적으로 아픔만 주는 부모가 되고 싶지 않습니다.
늘 제 자신에게는 인색할지라도 아이에게만큼은 줄 것이 있는 능력 있는 부모가 되고 싶습니다.
아이에게만큼은 우리 엄마 최고라는 말을 듣고 싶습니다. 아이를 향한 엄마의 솔직한 마음을 꾸짖지 마시고 응답하옵소서.
예수 그리스도의 이름으로 기도합니다. 아멘

기도체크

엄마 손 놓기가 시작됐어요

말씀을 의지함(Relying on the Word)   고린도전서 3:6,7

나는 심었고 아볼로는 물을 주었으되 오직 하나님은 자라나게 하셨나니 그런즉 심는 이나 물주는 이는 아무것도 아니로되 오직 자라게 하시는 이는 하나님뿐이니라

사랑의 주님,
아이가 유치원에 입학하게 되었습니다. 이제껏 엄마의 껌딱지가 되어 떨어지지 않던 아이가 제 품안을 벗어난다고 생각하니 왠지 서운한 감정에 코끝이 찡해옵니다. 하지만 모자를 쓰고 책가방을 처음 둘러맨 아이의 모습이 얼마나 신기한지 모르겠어요. 통학버스를 향해 통통통 뛰어가는 아이의 모습이 너무나 앙증맞고 대견해 보입니다.
제 눈에는 어느새 눈물이 고여 있지만 이런 아이를 보고 있노라니 묘한 기쁨과 흥분이 마음을 사로잡습니다.
주님!
이제 엄마의 손을 놓고 사회생활에 첫발을 내딛는 아

이를 불꽃같은 눈동자로 보호하여 주시고 지켜주세요.
유치원 생활에 잘 적응할 수 있도록 주님이 도와주세요. 새로운 환경에 대한 두려움이 없게 하시고, 선생님 가르침을 잘 따라할 수 있도록 이끌어주세요.
선생님에게 귀찮은 아이, 피곤한 아이, 피하고 싶은 아이가 되지 않도록 도와주세요.
붙임성이 있어서 친구들과도 잘 사귀고, 잘 어울릴 수 있도록 도와주세요.
자기 뜻대로 되지 않는다고 떼쓰거나 투정 부리는 일도 없게 하시고, 말썽 피우거나 다투는 일도 없게 하여 주세요.
주님!
유치원 생활을 통하여 아이의 시야가 조금씩 넓어지기를 원합니다. 인격의 기초가 잘 닦아지기를 원합니다. 공동체 생활을 통하여 귀중한 사회성을 잘 익혀나갈 수 있기를 원합니다. 아이의 진정한 보호자가 되시는 주님께 모든 것을 맡기오니 인도하여 주세요.
예수 그리스도의 이름으로 기도합니다. 아멘

기도체크

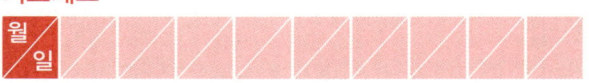

잘 적응할 수 있기 원해요

말씀을 의지함(Relying on the Word) 시편 95:7

그는 우리의 하나님이시요 우리는 그가 기르시는 백성이며 그의 손이 돌보시는 양이기 때문이라 너희가 오늘 그의 음성을 듣거든

사랑의 주님!
보고 또 보고, 두고 보기에도 전혀 아깝지 않은 아이가 오늘부터 학교에 가게 되었습니다. 아이의 입학이 제게는 설레는 가슴으로, 들뜬 감정으로 와닿습니다.
주님!
아무리 생각해도 주님은 제게 너무나 예쁜 꽃을 선물로 주셨습니다. 저희 가정에 너무나 아름다운 보석을 주셨습니다. 아이를 볼 때마다 천국의 기쁨과 행복을 경험합니다.
주님의 그 크신 은혜를 항상 기억하고 곱씹으며 표현하는 삶을 살겠습니다.
주님!
아이가 학교생활에 잘 적응할 수 있도록 우리 주님이

도우실 것을 믿습니다. 수업에 대한 집중력도 키워주실 것을 믿습니다. 또래와 잘 어울리고 사귈 수 있는 사회성과 친화력도 주실 것을 믿습니다. 언제나 아이에게 지혜의 샘으로 함께하옵소서.

주님! 아이가 아직 어릴지라도 신앙이 묻어 있는 학교생활이 되기를 원합니다. 수업하기 전에 기도로 주님의 지혜를 구할 수 있는 아이가 되게 하시고, 배우고 익힌 것마다 주님께 감사할 수 있는 아이가 되게 하옵소서.

식사를 할 때에도 양식을 주신 하나님께 감사의 기도를 거르지 않는 아이가 되게 하시고, 수업을 마친 후에도 하나님께 감사와 영광을 돌릴 줄 아는 아이가 되게 하옵소서.

학교생활을 익혀가면서 믿지 않는 또래들을 전도하는 아이가 되기를 원합니다. 단지 친구를 사귀는 것으로 끝나지 말게 하시고, 믿지 않는 친구들을 주님께로 인도할 수 있는 아이가 되게 하옵소서.

아이의 학교생활을 주님께 온전히 맡깁니다.
예수 그리스도의 이름으로 기도합니다. 아멘

기도체크

주님께도 기쁨 되기 원해요

말씀을 의지함(Relying on the Word) 잠언 10:1

솔로몬의 잠언이라 지혜로운 아들은 아비로 기쁘게 하거니와 미련한 아들은 어미의 근심이니라

사랑의 주님!
아이가 학교에서 상을 받았습니다.
"엄마, 상 받았어요." 하며 내민 아이의 상장을 받아보고는 너무나 기특하고 신기해서 몇 번이고 아이를 칭찬해 주고 또 칭찬해 주었습니다.
변변치 못한 형편에 무엇 하나 제대로 뒷받침해주지 못해 항상 미안하고 속상했는데 상까지 받은 아이의 모습을 보니 너무나 대견스럽고 벅차오르는 기쁨을 감출 수 없습니다.
"엄마, 또 받아올게요." 말하는 아이의 말에 부모로서 미안하고 부끄런 감정이 가슴을 시리게 합니다.
주님!

주님이 잘 키워 주심을 진심으로 감사드립니다. 아이가 티 없이 맑게 성장하고 있는 것은 전적인 주님의 사랑과 은혜의 결과임을 믿습니다.
주님!
부모의 가르침을 따라 주님께 예배도 잘 드리고 감사의 고백도 표현할 줄 아는 아이입니다.
열악한 가정환경에서 성장하고 있는 저 어린것, 언제나 주님의 사랑만큼은 듬뿍 쏟아부어 주시고, 주님의 은혜를 소담스럽게 담을 수 있는 아이로 자랄 수 있게 하여 주세요.
어린 심령, 어줍잖은 말과 몸짓으로 주님의 은혜와 사랑을 고백할 때마다 아이에게 맞는 꿈과 비전을 꼭 심어 주세요.
특별히 육체와 정신이 아프지 않도록 언제나 주님 능력의 오른 손으로 붙드시고 돌보아주세요.
주님께도 항상 흡족한 기쁨을 드릴 수 있는 아이로 빚음 받게 되기를 원합니다.
예수 그리스도의 이름으로 기도합니다. 아멘

기도체크

때에 맞게 양육하기 원해요

말씀을 의지함(Relying on the Word)　　　　빌립보서 4:7

그리하면 모든 지각에 뛰어난 하나님의 평강이 그리스도 예수 안에서 너희 마음과 생각을 지키시리라

사랑의 주님!
아이에게 공부할 수 있는 시기와 때를 주심을 감사드립니다. 때에 맞게 자기의 본분을 잘 지켜 행할 수 있는 아이로 양육할 수 있게 하옵소서.
학생의 때에는 가장 힘써야 할 본분이 공부임을 기억합니다. 배움의 과정을 가볍게 여기지 않고 최선을 다하는 아이로 양육할 수 있게 하옵소서.
아이가 학습에 대한 계획도 잘 세워갈 수 있도록 도움을 줄 수 있게 하시고, 배움에 대한 자기 관리를 잘 해나가도록 따뜻한 조언을 해줄 수 있는 부모이게 하옵소서.
아이가 배운 것에 대하여는 애정과 관심을 보여주며, 무엇을 배우고 익히든지 항상 자신감을 잃지 않도록 칭찬과 격려를 아끼지 않는 부모이게 하옵소서.
아이가 공부에 대한 열정이 식어지고 있을 때엔 위로하고 다독이며 두 손을 잡아 줄 수 있게 하시고, 다시 일어설 수 있도록 그 마음의 답답함을 풀어줄 수 있는 부모이게 하옵소서.
주님!
아이에게 공부가 무거운 짐같이 느껴지지 않기를 원합니다. 배움의 과정을 걸어가는 것이 힘들어 불필요한 것에 마음을 빼앗기는 일 또한 없기를 원합니다.
때에 맞게 자신에게 주어진 길을 올곧게 걸어갈 수 있도록 모든 지각에 뛰어나신 우리 주님이 아이의 생각과 마음을 주장하여 주옵소서.
단지 지식만을 습득하는 공부가 아니라 꿈을 심고 미래를 열어갈 수 있는 공부가 될 수 있도록 우리 주님이 아이의 지혜의 샘이 되어 주옵소서.
예수 그리스도의 이름으로 기도합니다. 아멘

기도체크

본받고 싶은 부모이게 하소서

말씀을 의지함(Relying on the Word)   잠언 15:1~2

유순한 대답은 분노를 쉬게 하여도 과격한 말은 노를 격동하느니라 지혜 있는 자의 혀는 지식을 선히 베풀고 미련한 자의 입은 미련한 것을 쏟느니라

사랑의 주님!
모자람과 부족함이 많은 이 죄인에게 엄마로 살 수 있는 자격을 주시니 감사합니다. 언제나 주님을 의뢰함으로 아이를 잘 양육할 수 있는 지혜를 공급받을 수 있게 하옵소서.
주님!
저의 태도와 인격이 아이의 성장과정에 독이 되거나 상처가 되지 않기를 위하여 기도합니다.
어떤 경우에도 아이에게 언어폭력을 쓰거나 저주의 말을 쏟아내는 일이 없게 하옵소서. 아무리 화가 나도 언성을 높이거나 소리 지르는 일이 없게 하시고, 아이를 무시하는 태도를 보이는 일이 없게 하옵소서.
훈계해야만 할 때는 윽박지르지 아니하고 온유한 마음으로 타이를 수 있게 하시고, 유순한 말로 아이를 달래며 이해시킬 수 있게 하옵소서.
잘못을 했을 땐 반성할 줄 아는 모습을 보여줄 수 있게 하시고, 꼭 책임져야만 할 일이 있을 때 그 자리를 피하지 않는 모습을 보일 수 있게 하옵소서.
아이 앞에서 누군가를 상스런 언어로 모욕하는 행위도 삼갈 수 있게 하시고, 누군가를 비판하거나 헐뜯는 모습도 보이는 일이 없게 하옵소서.
아무리 어렵고 힘든 환경일지라도 세상을 한탄하는 모습을 보이지 않게 하시고, 억울한 일을 당해도 누구를 저주하는 모습을 보이지 않게 하옵소서.
주님!
아이가 닮아도 되는 부모의 모습이 되기를 원합니다.
아이가 본받고 싶고 신뢰할 수 있는 부모가 되기를 원합니다.
예수 그리스도의 이름으로 기도합니다. 아멘

기도체크

제대로 해주지 못해 속상해요

말씀을 의지함(Relying on the Word)　　　이사야 61:2~3

여호와의 은혜의 해와 우리 하나님의 보복의 날을 선포하여 모든 슬픈 자를 위로하되 무릇 시온에서 슬퍼하는 자에게 화관을 주어 그 재를 대신하며 기쁨의 기름으로 그 슬픔을 대신하며 찬송의 옷으로 그 근심을 대신하시고 그들이 의의 나무 곧 여호와께서 심으신 그 영광을 나타낼 자라 일컬음을 받게 하려 하심이라

사랑의 주님!
부끄러운 고백이지만 때론 아이가 좀 더 능력 있는 부모를 만났더라면, 좀 더 풍족한 가정에서 태어났더라면 하는 생각을 할 때가 있습니다.
그랬더라면 아이가 제때에 하고 싶은 것들을 마음껏 해보며 꿈을 키워갔을 텐데 그것을 제대로 뒷받침 해주지 못하는 속상함이 이처럼 바보 같은 생각을 하게 만드네요.
하면 좋긴 한데 안 해도 괜찮다며 스스로 삭이는 아이의 말을 들을 때마다 가슴 저미고 마음이 무너지는 아픔을 느낍니다.
주님!
부모의 부족함이 아이의 꿈과 희망마저 가로막고 있는 것 같아 너무 미안하고 부끄럽기만 합니다.
아무리 생각해도 부모라는 게 너무 창피스럽습니다. 부모라는 게 이것밖에 안되는가 하는 생각이 마음을 괴롭힙니다.
주님!
아이에게 궁색한 변명만 늘어놓는 부모가 되지 않도록 도와주세요. 아이에게 늘 미안한 부모로 남지 않도록 이끌어주세요.
언제나 초라한 부모의 뒷모습이 아이에게 상처로 남지 않도록 지금의 형편을 살펴주시고 헤아려주옵소서.
아이의 기를 살려 주며, 좋은 이야깃거리가 풍성한 성장기를 보내는데 도움을 줄 수 있는 부모가 되게 하옵소서.
아이가 언제나 해맑고, 자신감을 잃지 않은 모습으로 꿈 많은 시기를 보내는데 보탬이 되는 부모가 되게 하옵소서. 능력의 주님을 간절히 의지하오니 도와주세요.
예수 그리스도의 이름으로 기도합니다. 아멘

기도체크

맞벌이하고 있어요

말씀을 의지함(Relying on the Word) 신명기 12:7

거기 곧 너희 하나님 여호와 앞에서 먹고 너희 하나님 여호와께서 너희의 손으로 수고한 일에 복 주심으로 말미암아 너희와 너희 가족이 즐거워할지니라

사랑의 주님!
저희 가정을 주님을 섬기는 복된 가정으로 세워주셔서 영원을 바라보며 나아가게 하여 주시니 감사합니다. 육신은 차츰 쇠하여질지라도 영혼은 날마다 새로워지는 기쁨이 있게 하옵소서.
주님!
저희 가정의 형편과 처지를 우리 주님은 너무나 잘 아시지요? 주님이 알고 계시는 그 이유 때문에 맞벌이를 하고 있습니다. 맞벌이를 하지 않고는 도저히 감당이 안 되기에, 경제적인 압박감에서 조금이라도 벗어나보려고 맞벌이를 하고 있습니다.
주님!

솔직히 물질이 따라주지 않고는 아이 교육도 어렵다는 걸 우리 주님은 아시지요? 저희 부부가 쉴 날 없이 일을 해야만 겨우 숨통이 트이는 것이 저희 가정의 현주소잖아요.

그럼에도 소박하고도 평범한 삶의 소망만큼은 아름다운 결실로 맺고 싶습니다. 가정을 위하여 땀흘려 일하는 욕심 없는 수고가 기쁨의 열매로 맺어질 수 있게 하옵소서.

쓰고 싶은 것 마음대로 쓰지 못하고, 먹고 싶은 것 마음껏 먹지 못하는 아쉬움이 있어도, 더 나은 미래를 바라보며 소망 중에 즐거워할 수 있게 하옵소서.

때때로 오해를 받고 억울한 일을 당하게 되는 아픔이 있어도 가정과 아이를 위하여 희생하는 기쁨으로 넉넉히 이기며 참아낼 수 있게 하옵소서.

가족들 간에 소홀해질 수 있는 대화도, 서로의 마음을 헤아려 주며 극복할 수 있게 하시고, 서로를 보듬어 주는 따뜻한 마음으로 끈끈한 가족애를 키워갈 수 있게 하옵소서.

예수 그리스도의 이름으로 기도합니다. 아멘

기도체크

이름만 부모였습니다

말씀을 의지함(Relying on the Word)　　　　요한복음 14:1

너희는 마음에 근심하지 말라 하나님을 믿으니 또 나를 믿으라

사랑의 주님!
지난 시간을 돌이켜보니 그동안 아이에게 잘해준 것이 별로 없어서 미안한 마음이 아픔으로 남습니다.
여유롭지 못한 생활환경에 얽매여있다 보니 항상 아이에게는 인색한 부모였습니다.
아이에게 맛나고 비싼 음식 한번 제대로 먹여보지 못했고, 세련되고 좋은 옷 한번 입혀보지 못했습니다.
아이가 가보고 싶은 곳에 함께 가본 기억도 없고, 아이가 관심 갖고 있는 것조차 제대로 도와준 적도 없었습니다.
돌이켜보면 이름만 부모였고, 신분만 엄마였습니다. 모양만 부모였고, 색깔만 엄마였습니다.
말로만 아이를 사랑한다고 했지, 아이를 생각한 사랑

의 흔적은 너무나 초라하고 볼품없었던 부모였습니다. 이런 부모를 그동안 엄마라고 불러주며 큰 문제 일으키지 않고 잘 자라주고 있는 아이를 생각하니 너무 미안하고 코끝이 찡해옵니다.

앞으로도 더 나아지거나 달라질 것 없는 생활환경이지만 아이가 상처받지 않고 잘 자라줬으면 좋겠습니다. 아이에게 아프거나 힘든 일이 일어나지 않았으면 좋겠습니다.

주님!

늘 아이에게 미안한 마음을 품고 부모로서 최선을 다하겠습니다. 아이의 미래를 위하여 눈물로 기도하겠습니다.

제가 부족해서 제대로 해주지 못한 것 우리 주님이 도와주세요. 힘이 되어주시고 능력이 되어주세요. 아이의 앞길에 등불이 되어주시고 빛이 되어주세요.

염치없이 주님만을 의지하며 바라봅니다.

예수 그리스도의 이름으로 기도합니다. 아멘

기도체크

철부지 못난 부모였습니다

말씀을 의지함(Relying on the Word)　　　로마서 12:2

너희는 이 세대를 본받지 말고 오직 마음을 새롭게 함으로 변화를 받아 하나님의 선하시고 기뻐하시고 온전하신 뜻이 무엇인지 분별하도록 하라

사랑의 주님!
사랑하는 아이를 위하여 기도하다보니 저는 정말 철부지 못난 부모였음을 깨닫습니다.
아이를 은근히 다른 아이와 비교하기를 좋아했고, 제 자신을 은근히 드러내기를 좋아했습니다.
아이의 인성을 중요시하기보다 성적과 점수에만 신경 쓰기를 좋아했고, 아이의 적성에 맞는 장점을 키워주기보다 저의 체면을 우선시하는 부모였습니다.
아이가 부족한 것은 용납하질 못했고, 자그만 실수에도 이해보다는 언성 높이기를 좋아했습니다.
때로는 바쁘다는 핑계로 아이가 필요하다는 부탁도 뒤

로 미루기 일쑤였고, 피곤하다는 이유로 아이의 고민도 들어주기를 귀찮아했습니다.

아이가 하고 싶어 하는 것도 제 맘에 안 들면 못하게 했고, 아이에게 되고 싶은 목표가 있어도 제 생각과 다르면 포기하도록 종용했습니다.

주님!

저는 주님께 은혜와 긍휼을 구하면서도 아이에게는 이런 못난 부모였습니다. 그러면서도 아이를 위하는 좋은 부모인 양 자가당착(自家撞着)에 빠져있었으니 주님은 이런 제가 얼마나 한심해 보였겠습니까?

주님!

이 죄인의 변화를 위하여 기도합니다. 아이를 가장 잘 이해해주고 편하게 해줄 수 있는 좋은 부모가 되게 하옵소서.

아이가 꼭 필요로 할 때 언제나 곁에서 진실한 부모의 역할을 감당할 수 있는 부모가 되게 하옵소서.

예수 그리스도의 이름으로 기도합니다. 아멘

기도체크

주님 같은 마음을 품게 하소서

말씀을 의지함(Relying on the Word)　　　요한복음 15:13~14

사람이 친구를 위하여 자기 목숨을 버리면 이보다 더 큰 사랑이 없나니 너희는 내가 명하는 대로 행하면 곧 나의 친구라

사랑의 주님!
주님은 저의 모든 것이 되어주시고 언제나 변치 않는 사랑으로 함께 하고 계심을 믿습니다.
저도 아이에게 주님 같은 마음을 품은 엄마가 되기를 소망하며 기도합니다.
아이가 말 못할 고민을 털어놓고 싶을 때 따뜻한 사랑으로 끝까지 들어주며 상담해줄 수 있는 엄마이게 하옵소서.
아이가 우울해하거나 외로움을 느낄 때 가장 친근한 벗으로 함께하며 품어 줄 수 있는 엄마이게 하옵소서.
아이가 힘에 겨워 지쳐 있을 때 기대어 편히 쉬고 싶은 언덕이 되어 줄 수 있는 엄마이게 하옵소서.

아이가 고통과 아픔을 느끼며 괴로워할 때 상처 난 마음을 어루만지며 치유해 줄 수 있는 엄마이게 하옵소서.
아이가 걱정하며 두려움에 휩싸여 있을 때 가장 든든한 협력자로 평안함을 심어줄 수 있는 엄마이게 하옵소서.
아이가 갈 길 몰라 방황하고 있을 때 가장 가깝고 친밀한 후원자로 용기와 힘이 되어 줄 수 있는 엄마이게 하옵소서.
아이가 실족하여 넘어졌을 때 두 손 내밀어 잡아 주고 일으켜주며 따뜻하게 안아줄 수 있는 엄마이게 하옵소서.
아이가 울고 있을 때 함께 울어 주고, 기뻐할 때 함께 기뻐해주며 푸근한 포옹을 함께 나눌 수 있는 엄마이게 하옵소서.
아이가 영적으로 방황하며 힘들어 할 때에도 엠마오의 두 제자를 찾아가셨던 주님의 사랑으로 그리스도의 비밀을 알게 해 줄 수 있는 엄마이게 하옵소서.
예수 그리스도의 이름으로 기도합니다. 아멘

기도체크

좋은 부모 되기 원해요

말씀을 의지함(Relying on the Word)　　　　잠언 22:6

마땅히 행할 길을 아이에게 가르치라 그리하면 늙어도 그것을 떠나지 아니하리라

사랑의 주님!
아이를 양육할 수 있는 은총을 주심을 감사드립니다.
아무리 어렵고 힘든 일이 있을지라도 부모 된 책임과 의무를 가볍게 여기는 일이 없게 하옵소서.
주님!
아이에게 좋은 부모가 되기를 소망하며 기도합니다.
아이가 미워하는 부모가 아닌, 아이가 언제나 사랑하고 싶은 부모로 살게 하옵소서.
아이가 피하고 싶은 부모가 아닌, 아이가 언제나 가까이 하고 싶은 부모로 살게 하옵소서.
아이가 숨기고 싶은 부모가 아닌, 아이가 언제나 자랑하고 싶은 부모로 살게 하옵소서.

아이가 무시하고 싶은 부모가 아닌, 아이가 언제나 존경하고 싶은 부모로 살게 하옵소서.
아이가 흉보고 싶은 부모가 아닌, 아이가 언제나 흉내 내고 싶은 부모로 살게 하옵소서.
아이가 비판하고 싶은 부모가 아닌, 아이가 언제나 닮고 싶은 부모로 살게 하옵소서.
아이가 소외감을 느끼는 부모가 아닌, 아이가 언제나 친근함을 느끼는 부모로 살게 하옵소서.
아이가 두려움을 느끼는 부모가 아닌, 아이가 언제나 편안함을 느끼는 부모로 살게 하옵소서.
아이가 고통을 느끼는 부모가 아닌, 아이가 언제나 기쁨을 느끼는 부모로 살게 하옵소서.
아이가 권위를 인정치 않는 부모가 아닌, 아이가 언제나 순복하며 따라주고 싶은 부모로 살게 하옵소서.
예수 그리스도의 이름으로 기도합니다. 아멘

기도체크

월/일							

좀 더 관심 가질 수 있기 원해요

말씀을 의지함(Relying on the Word)　　　　빌립보서 1:6

너희 안에서 착한 일을 시작하신 이가 그리스도 예수의 날까지 이루실 줄을 우리는 확신하노라

사랑의 주님!
항상 쉬지 말고 기도해야 하는 것이 자식을 위한 기도란 것을 깨닫습니다. 아이에게 부모로 불리는 것이 끝날 때까지 아이를 위한 기도를 쉬지 않는 부모이게 하옵소서.
주님!
아이에게 좀 더 관심을 갖는 부모가 되기를 소망하며 기도합니다.
아이가 스스로 해낸 것이 있을 때, 그것이 보잘것없어 보여도 풍성한 칭찬과 함께 자긍심을 심어줄 수 있는 부모이게 하옵소서.
아이가 궁금해 하는 것이 있을 때, 그것을 귀찮아하지 않고 관심 있게 들어주며 다정함을 보여줄 수 있는 부모이게 하옵소서.
아이가 부끄러워하는 것이 있을 때, 그것을 나무라기보다 부끄러움도 장점이 될 수 있다는 것을 일깨워 줄 수 있는 부모이게 하옵소서.
아이가 힘들어 하고 있을 때, 그것을 지나치기보다 따뜻한 위로와 격려로 용기를 심어줄 수 있는 부모이게 하옵소서.
아이가 흔들리고 있을 때, 그것을 무시하기보다 진지한 상담자로 보듬어 줄 수 있는 부모이게 하옵소서.
아이가 풀이 죽어 있을 때, 그것을 다그치기보다 꿈을 향해 달려 나갈 수 있도록 품어주고 다독일 수 있는 부모이게 하옵소서.
아이가 감추고 싶은 약점이 있을 때, 그것을 숨기려 하기보다 약점도 때로는 강함이 될 수 있다는 것을 심어줄 수 있는 부모이게 하옵소서.
주님!
아이를 노엽게 하는 부모가 아닌 아이를 든든히 세워주는 부모이기 원합니다.
예수 그리스도의 이름으로 기도합니다. 아멘

기도체크

이런 부모 되지 않게 하소서

말씀을 의지함(Relying on the Word) 에베소서 6:4

또 아비들아 너희 자녀들을 노엽게 하지 말고 오직 주의 교훈과 훈계로 양육하라

사랑의 주님!
아이에게 이런 부모가 되지 않기 위하여 기도합니다.
아이에게 미움의 감정이나 불만이 싹트게 하는 부모가 되지 않게 하옵소서.
아이를 노엽게 하거나 분노심을 품게 만드는 부모가 되지 않게 하옵소서.
아이에게 용기를 잃게 하거나 자신감을 잃게 하는 부모가 되지 않게 하옵소서.
아이에게 열등감을 느끼게 하거나 실족하게 하는 부모가 되지 않게 하옵소서.
아이에게 소외감이나 외로움을 갖게 하는 부모가 되지 않게 하옵소서.
아이를 방황하게 하거나 흔들리게 하는 부모가 되지 않게 하옵소서.

아이를 업신여기거나 무시하는 부모가 되지 않게 하옵소서.
아이를 고통스럽게 하거나 괴롭게 만드는 부모가 되지 않게 하옵소서.
아이를 슬프게 하거나 눈물 흘리게 만드는 부모가 되지 않게 하옵소서.
아이에게 모욕감을 주거나 원수처럼 여기는 부모가 되지 않게 하옵소서.
아이를 비웃거나 무시하는 부모가 되지 않게 하옵소서.
아이에게 심한 욕설을 퍼붓거나 저주하는 부모가 되지 않게 하옵소서.
아이에게 상처를 주거나 아픔을 주는 부모가 되지 않게 하옵소서.
아이를 절망하게 하거나 죽고 싶은 마음이 들게 하는 부모가 되지 않게 하옵소서.
아이가 피하고 싶거나 어디론가 숨어버리고 싶은 부모가 되지 않게 하옵소서.
주님! 아이에게 언제나 좋은 추억을 만들어 줄 수 있는 부모가 되게 하옵소서.
예수 그리스도의 이름으로 기도합니다. 아멘

기도체크

그래도 행복을 주는 존재입니다

말씀을 의지함(Relying on the Word)　　고린도전서 13:4~5

사랑은 오래 참고 사랑은 온유하며 시기하지 아니하며 사랑은 자랑하지 아니하며 교만하지 아니하며 무례히 행하지 아니하며 자기의 유익을 구하지 아니하며 성내지 아니하며 악한 것을 생각하지 아니하며

사랑의 주님!
엄마라는 이름으로 사는 것이 쉽지 않음을 새삼 깨닫게 됩니다.
사랑으로 품고 또 품으며 살아도 전혀 아깝지 않은 자식이지만 때로는 아이 때문에 속상해하며 눈물 흘릴 때도 있고, 답답함에 잠을 이루지 못할 때도 있습니다.
나름 아이에게 신경쓰고 있다고 생각했는데, 간혹 엄마가 해준 게 뭐가 있느냐며 쏘아붙이는 아이의 말이 귓전을 때릴 때, 정말 가슴 철렁한 감정을 감출 수 없었습니다.
아이에게 딱히 잘해준 것은 없지만, 그래도 자식이기에

늘 걱정이 되어 이런 말 저런 말 한 것이 지나친 간섭으로 느껴졌나 봅니다.
하지만 그런 말 할 때마다 왜 그렇게 서럽게 느껴지는지요? 제 마음이 왜 이리도 속상한지 모르겠습니다. 마음이 무너져 내리는 아픔이 가시질 않네요.
주님!
주님도 제자들이 주님의 뜻을 모르고 철없는 말이나 행동을 할 때 제 마음 같지는 않으셨는지요? 주님도 인성을 지니셨는지라 늘 그런 제자들을 마주하시며 깊은 한숨이 절로 나오셨을 것이라 짐작해 봅니다.
주님!
때론 부모 마음 몰라주는 아이 때문에 상실감이 찾아오기도 하지만 그래도 아이를 생각하면 묘한 행복감이 가슴으로 찾아듭니다. 그래서 저는 어찌할 수 없는 엄마인가 봅니다.
앞으로 아이와 티격태격 일희일비(一喜一悲)하는 일이 반복되겠지만, 나 같은 죄인을 구원하시기 위하여 십자가에서 오래 참으신 주님의 사랑을 바라보며 부모의 사명을 잘 감당하겠습니다.
예수 그리스도의 이름으로 기도합니다. 아멘

기도체크

부모로 느껴지기를 소망합니다

말씀을 의지함(Relying on the Word) 골로새서 3:14

이 모든 것 위에 사랑을 더하라 이는 온전하게 매는 띠니라

사랑의 주님!
억지로라도 기도의 자리로 나아갈 수 있는 은혜를 주시니 감사합니다. 주님을 향한 기도 무릎이 있는 삶이 되게 하옵소서.
주님!
자식을 둔 엄마이기에 이런 기도를 주님께 드립니다.
이런 부모의 역할을 잘 감당할 수 있도록 은총을 더하여 주옵소서.
아이에게 권위를 앞세우기보다 넓은 이해심으로 크고 작은 실수도 보듬어 줄 수 있는 부모가 되게 하옵소서.
원칙을 앞세우기보다 사랑으로 아이의 그 어떤 잘못도 품어줄 수 있는 부모가 되게 하옵소서.
때로는 정다운 친구같이 아이의 말 못할 고민도 들어

줄 수 있게 하시고, 아이에게 부족한 면이 있어도 다그치지 아니하고 따뜻한 격려와 위로를 아끼지 않는 부모가 되게 하옵소서.

아이가 잘될 때에는 교만을 경계하도록 이끌어 줄 수 있게 하시고, 안 될 때에는 넘어지지 않도록 잡아줄 수 있는 부모가 되게 하옵소서.

성취의 기쁨보다 과정이 더 소중함을 깨우쳐 줄 수 있게 하시고, 작은 것일지라도 최선을 다하는 모습에 박수를 쳐줄 수 있는 부모가 되게 하옵소서.

아이가 지쳐 있을 땐 따뜻한 품으로 안아줄 수 있게 하시고, 아이가 쉬고 싶을 땐 편한 휴식을 마련해줄 수 있는 부모가 되게 하옵소서.

주님!

부족한 것이 너무 많은 엄마이지만 아이에게 부모로 느껴질 수 있는 엄마이기를 간절히 소망합니다.

예수 그리스도의 이름으로 기도합니다. 아멘

기도체크

부모님 닮은 부모 되기 원해요

말씀을 의지함(Relying on the Word)   고린도전서 13:13

그런즉 믿음, 소망, 사랑, 이 세 가지는 항상 있을 것인데 그 중의 제일은 사랑이라

사랑의 주님!
말로 표현할 수 없는 자식을 향한 깊은 감정과 사랑이 부모에게 있음을 깨닫습니다.
자식을 위해서라면 목숨도 아깝지 않은 것이 부모의 심정임을 느껴봅니다.
주님!
그런 부모의 사랑을 먹고 자랐기에 제가 지금 이 자리에 있게 된 것이겠지요? 저를 사랑하되 끔찍이 사랑했던 부모의 사랑이 있었기에 저도 그 사랑을 품을 수 있는 부모가 될 수 있었겠지요?
항상 하나님보다 자식이 우선인 것처럼 느껴진 부모의 그 사랑, 이제야 철이 들어 부모의 살을 먹고 피를 마셔서 지금의 내가 된 것임을 뼛속 깊숙이 느낍니다.
주님!
그 사랑을 절반이라도 닮아갔으면 좋겠습니다. 지금의 내가 절로 있는 것이 아님이 더욱 간절히 느껴지기에 부모에게 절반이라도 돌려드리는 심정으로 자식을 키우겠습니다.
아무리 바빠도, 아무리 할 일이 많고 사는 것이 복잡해도 아이를 위한 기도의 골방을 좀 더 마련하겠습니다.
말로만의 사랑이 아닌 자녀를 위하여 대신 죽을 수 있는 심정을 가지고 자식에게 온갖 사랑을 쏟아 붓겠습니다.
훗날 아이가 부모가 되어 저 같은 회상을 하게 될 때, 제가 부모에게 느꼈던 그 사랑이 그대로 느껴지도록 최선의 노력을 다하겠습니다.
주님!
제 부모가 그랬듯이, 육신과 마음이 녹아내리는 그 어떤 고통과 힘겨움이 있을지라도 자식을 향한 부모의 자리를 끝까지 지킬 수 있게 하옵소서.
예수 그리스도의 이름으로 기도합니다. 아멘

기도체크

더욱 사랑하며 섬길게요

말씀을 의지함(Relying on the Word) 마태복음 6:33

그런즉 너희는 먼저 그의 나라와 그의 의를 구하라 그리하면 이 모든 것을 너희에게 더하시리라

사랑의 주님!
아이를 향한 제 마음을 생각하면서 주님을 향한 제 모습을 생각해봅니다. 온통 아이에게만 집중되어 있는 제 모습을 보시며 주님은 어떠셨는지요.
과연 제 마음에 주님이 계실 자리는 있었을까 생각하니 부끄러움이 앞섭니다.
주님!
단지 입술에만 머물러 있는 신앙이 되지 않기 위해서 기도합니다.
아이를 위한 생각이 항상 제 마음에 자리 잡고 있듯, 주님을 위한 생각도 항상 마음에서 떠나지 않는 삶이게 하옵소서.
아이를 위한 희생이 전혀 고생이라고 느껴지지 않듯,

주님을 위한 희생도 전혀 고생이라고 느끼지 않는 믿음이게 하옵소서.

아이를 위해서 모든 것을 쏟아부어도 항상 부족함을 느끼듯, 주님을 위해서 모든 것을 쏟아부어도 항상 부족함을 느끼는 신앙이게 하옵소서.

아이를 위해서 사용하는 물질이 하나도 아깝지 않듯, 주님을 위해서 사용하는 물질도 하나도 아깝지 않은 드림이게 하옵소서.

아이에게 서운한 말을 들어도 섭섭한 감정이 그때뿐이듯, 주의 일하다가 서운한 말을 들어도 섭섭한 감정이 잠시뿐인 마음이게 하옵소서.

아이에게 언제나 좋은 엄마로 회자되기를 기대하듯, 주님께도 언제나 주님의 마음에 꼭 드는 기쁨의 자녀이게 하옵소서.

주님!

엄마이지만 아이 때문에 주님의 은혜와 사랑을 망각하지 않기를 원합니다. 주님만이 저의 참 소망이 되심을 잊지 않는 삶이 되게 하옵소서.

예수 그리스도의 이름으로 기도합니다. 아멘

기도체크

믿음의 기도를 본받게 하소서

말씀을 의지함(Relying on the Word) 누가복음 22:44

예수께서 힘쓰고 애써 더욱 간절히 기도하시니 땀이 땅에 떨어지는 핏방울 같이 되더라

사랑의 주님!
제게 기도의 중요성을 깨닫게 하셔서 기도무릎이 있는 신앙으로 이끄심을 감사드립니다.
이 땅을 살아가는 동안 주님의 은총을 받은 자로, 아이를 둔 엄마로, 항상 기도의 향기를 주님께 올릴 수 있는 삶이 되게 하옵소서.
주님!
오직 기도로 산 성경의 사람들처럼 그 모습을 본받고 닮아갈 수 있는 기도의 여인이 되기를 간절히 소망해 봅니다.
심판받을 소돔과 고모라의 멸망을 유보해 달라고 애절한 중보의 기도를 쉬지 않았던 아브라함의 기도를 닮아갈 수 있게 하옵소서.
얍복 강변에서 하나님의 사람과 밤새도록 씨름하며 끈

기 있는 기도를 보여주었던 야곱의 기도를 닮아갈 수 있게 하옵소서.

하나님 앞에 범죄한 이스라엘 백성을 위하여 자신의 이름이 생명책에서 지워질지라도 그들의 용서를 간절히 구했던 모세의 기도를 닮아갈 수 있게 하옵소서.

아무도 없는 적막한 회막에서 홀로 하나님과 마주하며 밤이 새도록 기도했던 여호수아의 기도를 닮아갈 수 있게 하옵소서.

절체절명에 놓인 유다인의 구원을 위하여 "죽으면 죽으리이다" 금식하며 기도했던 에스더의 기도를 닮아갈 수 있게 하옵소서.

혹독한 광야의 도피생활 중에도 여호와 하나님에 대한 찬송의 기도를 쉬지 않았던 다윗의 기도를 닮아갈 수 있게 하옵소서.

겟세마네 동산에서 인류의 구원을 놓고 땀방울이 핏방울이 되어 흐르기까지 쥐어짜내는 기도를 멈추지 않았던 주님의 기도를 본받을 수 있게 하옵소서.

그리함으로 살아계신 주님을 더 가까이 경험하는 능력 있는 기도의 사람이 되게 하옵소서.

예수 그리스도의 이름으로 기도합니다. 아멘

기도체크

믿음의 본이 되기 원해요

말씀을 의지함(Relying on the Word)   고린도전서 4:16

그러므로 내가 너희에게 권하노니 너희는 나를 본받는 자가 되라

사랑의 주님!
"하나님께 가까이 함이 내게 복이라"고 말한 시편기자의 신앙고백을 기억하며 기도합니다(시73:28). 항상 주님을 가까이 함으로 저의 신앙생활이 아이에게 믿음의 본이 되는 모습이 되게 하옵소서.
아이에게 하나님을 경외하며 사랑하는 것을 예배로 보여줄 수 있는 부모이기를 소망합니다. 정해진 예배마다 마음과 정성을 다하여 참석함으로 아이에게 예배의 중요성을 심어줄 수 있는 부모이게 하옵소서.
아이에게 주의 말씀을 사랑하는 것을 보여줄 수 있는 부모이기를 소망합니다. 항상 성경을 가까이 하며 말씀듣기를 즐겨함으로 아이에게 말씀의 중요성을 심어줄 수 있는 부모이게 하옵소서.

아이에게 주님을 높이는 것을 찬송으로 보여 줄 수 있는 부모이기를 소망합니다. 언제 어디서나 주님을 찬송함으로 찬양받으실 분은 주님이심을 심어줄 수 있는 부모이게 하옵소서.

아이에게 주님을 의지하는 법을 기도로 보여줄 수 있는 부모이기를 소망합니다. 쉼 없이 기도생활에 힘씀으로 아이에게 주님을 의지하는 법을 기도로 심어줄 수 있는 부모이게 하옵소서.

아이에게 주님의 사랑을 닮아가는 것을 이웃사랑으로 보여줄 수 있는 부모이기를 소망합니다. 몸을 드려 이웃을 섬김으로 아이에게 사랑의 행복을 심어줄 수 있는 부모이게 하옵소서.

아이에게 뭇 영혼을 사랑하는 주님의 마음을 전도로 보여줄 수 있는 부모이기를 소망합니다. 항상 복음 전도에 힘씀으로 아이에게 영혼 구원의 기쁨을 심어줄 수 있는 부모이게 하옵소서.

예수 그리스도의 이름으로 기도합니다. 아멘

기도체크

믿음의 부모답기 원해요

말씀을 의지함(Relying on the Word)   잠언 21:21

공의와 인자를 따라 구하는 자는 생명과 공의와 영광을 얻느니라

사랑의 주님!
저를 주님을 섬기는 믿음의 부모로 살아갈 수 있도록 이끄심을 감사드립니다.
티 없이 맑고 햇살같이 밝은 아이 앞에서 믿음의 부모답게 주님 닮아가기를 힘쓰는 삶이 되게 하옵소서.
가난한 사람에게는 헤아리는 손길을, 병든 사람에게는 치유의 손길을 내밀 수 있는 부모로 살게 하옵소서.
슬픔에 빠진 사람에게는 위로의 손길을, 분노에 빠진 사람에게는 평화의 손길을 내밀 수 있는 부모로 살게 하옵소서.
힘든 사람에게는 너그러움의 손길을, 곤경에 처한 사람에게는 용기의 손길을 내밀 수 있는 부모로 살게 하옵소서.

근심 많은 사람에게는 평안의 손길을, 삶에 지친 사람에게는 감싸줌의 손길을 내밀 수 있는 부모로 살게 하옵소서.

악한 사람에게는 사랑의 손길을, 허물 많은 사람에게는 품어줌의 손길을 보일 수 있는 부모로 살게 하옵소서.

약한 사람에게는 잡아줌의 손길을, 교만한 사람에게는 겸손의 손길을 내밀 수 있는 부모로 살게 하옵소서.

시기하는 사람에게는 자비의 손길을, 싸움이 있는 사람에게는 화해의 손길을 보일 수 있는 부모로 살게 하옵소서.

선을 행하는 사람에게는 격려의 손길을, 성공한 사람에게는 칭찬의 손길을 내밀 수 있는 부모로 살게 하옵소서.

방황하는 사람에게는 잡아줌의 손길을, 주를 모르는 사람에게는 구원의 손길을 내밀 수 있는 부모로 살게 하옵소서.

주님! 아이 앞에서 꼭 이런 부모로 살 수 있도록 성령의 충만을 주옵소서.

예수 그리스도의 이름으로 기도합니다. 아멘

기도체크

믿음의 영향이 있기 원해요

말씀을 의지함(Relying on the Word)   디도서 2:7,8

범사에 네 자신이 선한 일의 본을 보이며 교훈에 부패하지 아니함과 단정함과 책망할 것이 없는 바른 말을 하게하라

사랑의 주님!
겨우겨우 나아가는 신앙의 발걸음일지라도 손잡아 주시는 주님의 사랑에 감사드립니다. 그 사랑에 감사하는 마음을 주님 향한 믿음의 행위로 표현할 수 있게 하옵소서.
주님!
사랑하는 아이에게도 믿음의 영향력을 끼칠 수 있는 부모이기를 소망하며 기도합니다.
아이가 항상 부모의 뒷모습을 보고 있음을 기억하여 신중함과 의로움과 경건함을 잃지 않는 신앙의 모습이 되게 하옵소서.
말로만이 아닌 행함이 있는 믿음으로 본을 보일 수 있는 부모가 되기를 원합니다.

아이에게 주님을 사랑한다 하면서도 교회와 예배를 멀리하는 일이 없게 하옵소서.

아이에게 기도의 중요성을 말하면서도 엎드려 기도하지 않는 모습만 보이는 일이 없게 하옵소서.

아이에게 순종을 가르치면서도 작은 것도 불순종하는 모습을 보이는 일이 없게 하옵소서.

아이에게 용서의 아름다움을 말하면서도 정죄하며 판단하는 모습만 보이는 일이 없게 하옵소서.

아이에게 항상 기뻐하며 살 것을 말하면서도 작은 슬픔 하나 견디지 못하는 모습을 보이는 일이 없게 하옵소서.

아이에게 섬기는 삶을 말하면서도 대접받으려는 것에 쉽게 현혹되는 모습을 보이는 일이 없게 하옵소서.

아이에게 언제나 감사하며 살 것을 말하면서 불평불만을 쏟아내는 모습만 보이는 일이 없게 하옵소서.

주님! 언제나 아이에게 믿음의 본, 신앙의 본을 잘 보일 수 있는 부모이게 하옵소서.

예수 그리스도의 이름으로 기도합니다. 아멘

기도체크

조금 더 아이 곁에 있고 싶어요

말씀을 의지함(Relying on the Word) 이사야 43:2

네가 물 가운데로 지날 때에 내가 너와 함께 할 것이라 강을 건널 때에 물이 너를 침몰하지 못할 것이며 네가 불 가운데로 지날 때에 타지도 아니할 것이요 불꽃이 너를 사르지도 못하리니

사랑의 주님!
아직도 아이를 위하여 엄마로서 할 일이 많은데 제 몸에 반갑잖은 손님이 찾아와 떠날 생각을 않고 있습니다. 사도 바울처럼 주님께 간구하며 병원 치료를 받아 보았지만 여전히 질병은 제 육체를 무섭게 갉아 먹고 있습니다.
주님!
엄마라서인지 늘 걱정되는 것은 질병이 아니라 하루가 다르게 성장하고 있는 아이입니다. 한창 꼼꼼하고 세심한 엄마의 돌봄이 필요할 때 질병에 매여 있으니 이런 제 모습에 슬픔과 원망이 앞섭니다.
주님!

불쌍한 이 영혼을 품어주옵소서. 육체의 질병에 시달리는 가난한 영혼을 외면치 마옵소서.

제가 아니면 아이는 누구에게서 엄마의 손길을 느끼겠습니까? 제가 아니면 누구에게서 엄마의 사랑을 느끼겠습니까? 제가 아니면 누구에게서 엄마의 체취를 느끼겠습니까?

아이에게 꼭 필요한 것들이 엄마에게 있다는 것을 우리 주님은 아시잖아요. 아이에게 엄마만이 할 수 있는 것들이 있음을 우리 주님은 아시잖아요. 주님도 그런 엄마가 필요하셨기에 동정녀 마리아의 몸을 빌리셨잖아요. 주님!

엄마의 질병으로 아이의 장래에 먹구름이 드리우는 일이 없게 해주세요. 제 아이도 사랑받기 위해 태어난 아이임을 믿습니다. 충분히 엄마의 사랑을 받을 자격이 있는 아이임을 믿습니다.

아이가 조금 더 성장할 때까지 제 생명을 지켜주세요. 차츰 꺼져가는 생명이라 할지라도 아이의 곁에 좀 더 있고 싶습니다. 이 절망의 늪에서 구원해 주세요.

예수 그리스도의 이름으로 기도합니다. 아멘

기도체크

주님께 온전히 맡기기 원해요

말씀을 의지함(Relying on the Word)　　　요한복음 14:1

너희는 마음에 근심하지 말라 하나님을 믿으니 또 나를 믿으라

사랑의 주님!
부모이기에 자식에 대한 걱정이 당연한 것일 수도 있겠지만, 제 마음에는 늘 아이에 대한 걱정이 너무 많은 것 같습니다.
"주님께 맡기자, 주님께 맡기자," 수없이 되뇌어도 제 마음은 여전히 걱정에 매몰되어 평안을 얻지 못하고 있습니다.
아이를 생각할 때마다 이런저런 걱정이 떠나지 않는 것은 주님을 온전히 의지하지 못하는 저의 연약한 믿음 때문이겠지요.
주님은 모든 염려를 다 내게 맡기라 말씀하셨는데 걱정에 끌려 다니는 제 모습이 얼마나 한심해 보이겠습니까?
주님은 이런 제 모습이 너무 답답해 보이고 너무 미련

해 보이지요?

주님을 온전히 의지하지 못하는 연약한 이 죄인을 긍휼히 여기시고 불쌍히 여기시옵소서.

주님!

괜한 걱정으로 아이에게 부담만 안겨주는 부모가 되지 않기를 원합니다. 아이에게 스트레스(stress)만 가중시키는 부모가 되지 않기를 원합니다.

안전을 핑계로 아이의 행동을 제약하거나 통제하는 일이 없게 하시고, 억압하는 일 또한 없게 하옵소서.

아이를 답답하게 하거나 숨 막히게 하는 일도 없게 하시고, 지나친 간섭으로 아이의 마음을 짓누르는 일도 없게 하옵소서.

주님!

아이에 대한 걱정이 제 마음에 찾아올 때마다 평안을 약속하신 주님을 바라볼 수 있게 하시고, 더 깊은 기도로 모든 걱정을 물리칠 수 있게 하옵소서. 평화의 주님을 온전히 의지할 수 있는 믿음이 될 수 있도록 이 죄인에게 성령의 충만함을 주옵소서.

예수 그리스도의 이름으로 기도합니다. 아멘

기도체크

영원한 보호자가 되어주세요

말씀을 의지함(Relying on the Word) 시편 121:7

여호와께서 너를 지켜 모든 환난을 면하게 하시며 또 네 영혼을 지키시리로다

사랑의 주님!
갈수록 세상이 너무도 험악해지고 있음을 피부로 느낍니다. 날마다 접하는 소식이 끔찍하고 흉악한 일들뿐입니다.
이제는 가까운 이웃도, 친구도, 심지어 가족까지도 개인에게 안전하지 못한 사회로 변해가고 있음이 피부로 와닿습니다.
이 모든 것이 타락한 인간이 창조주 하나님을 기억하지 않기 때문에 발생하는 결과물인 것을 믿습니다.
주님!
이 사회에 너무도 흉측한 일들이 끊임없이 일어나고 있기에 자식을 둔 부모로서 걱정하지 않을 수 없음을 아시지요?

솔직히 아이가 제 시야를 벗어나면 그때부터 걱정되는 마음을 숨길 수 없습니다.
괜한 걱정 한다고 말할 수도 있겠지만 현실이 그렇지 않음을 피부로 느끼고 있기에, 아이에게 안 좋은 일이 일어나지 않기를 매일 기도하고 있습니다.
주님!
이 험악한 사회로부터 아이를 지켜주옵소서. 언제라도 아이에게 위험이 닥칠 수 있기에 우리 주님이 불꽃같은 눈동자로 지켜주시기 원합니다.
혹여, 어느 순간에라도 사방으로 욱여쌈을 당하는 일이 없도록 모든 위험을 막아주시고 보호하여 주옵소서. 우리 주님은 사랑하는 당신의 자녀를 도우시는 하나님이심을 믿습니다. 모든 위험에서 건지시는 하나님이신 것을 믿습니다. 생명의 면류관으로 관을 씌우시고 좌편과 우편을 성령의 화염검으로 두르시는 하나님이신 것을 믿습니다. 주님만을 의지하오니 우리 주님이 아이의 영원한 보호자가 되어주옵소서.
예수 그리스도의 이름으로 기도합니다. 아멘

기도체크

이런 가정이길 소망합니다

말씀을 의지함(Relying on the Word) 사도행전 10:2

그가 경건하여 온 집안과 더불어 하나님을 경외하며 백성을 많이 구제하고 하나님께 항상 기도하더니

사랑의 주님!
저희 가정에 항상 임마누엘이 되어주심을 감사드립니다. 하나님을 섬기는 가정으로 항상 주님의 은혜와 사랑이 떠나지 않는 가정이 되기를 소망하며 기도합니다. 저희 가정이 항상 정답고 희망이 넘쳐나는 가정이 되게 하옵소서. 서로를 감싸주는 애정이 잔잔한 감동으로 남아 있게 하시고, 소박한 웃음소리가 그치지 않는 가정이 되게 하옵소서.
작은 아픔에도 언제나 세심한 배려가 있게 하시고, 격려와 칭찬으로 서로에게 큰 용기를 심어줄 수 있는 가정이 되게 하옵소서.
그 어떤 실수에도 용납함으로 용서를 보여줄 수 있게 하시고, 보이는 허물도 감싸주고 덮어줄 수 있는 가정이 되게 하옵소서.

작은 말에도 진지함으로 귀를 기울일 수 있게 하시고, 정답고 푸근한 대화로 응어리진 마음을 풀어줄 수 있는 가정이 되게 하옵소서.

서로의 꿈과 비전을 위해서 기도로 축복해 줄 수 있게 하시고, 서로 간에 깊은 신뢰와 의리로 감화를 줄 수 있는 가정이 되게 하옵소서.

각자 맡은 일에는 성실함으로 최선을 다할 수 있게 하시고, 무슨 일을 하든지 항상 성숙한 모습으로 끝까지 최선을 다할 수 있는 가정이 되게 하옵소서.

절망이 찾아올 때 영감을 얻을 수 있는 기회로 삼을 수 있게 하시고, 고난과 시련이 닥쳐와도 죽음같이 강한 사랑을 앞세워 잘 이겨낼 수 있는 가정이 되게 하옵소서.

한 끼의 식사를 놓고도 감사의 기도를 잊지 않게 하시고, 조금은 부족할지라도 남을 헤아리고 살피는데 적극적일 수 있는 가정이 되게 하옵소서.

예수 그리스도의 이름으로 기도합니다. 아멘

기도체크

가장 먼저 해야 할 일

만일 내가 아이를 다시 키운다면

집을 세우는 일보다

먼저 아이의 자긍심을 세워 주리라

손가락으로 명령하는 일보다는

아이와 함께 손가락 그림을 더 많이 그리리라

아이를 바로 잡으려고 노력하기 보다는

아이와 하나가 되려고 더 많이 노력하리라

시계에 고정되었던 눈을 돌이켜

아이를 더 많이 바라보리라

- 다이아나 루먼스의 「다시 아이를 키운다면」 全文 -

PART 2

형통의 자녀로 세우는
엄마의 무릎기도문

꿈과 비전의 사람이 되기 원해요

말씀을 의지함(Relying on the Word)   잠언 29:18

묵시가 없으면 백성이 방자히 행하거니와 율법을 지키는 자는 복이 있느니라

사랑의 주님!
저희 가정을 영혼이 잘되고 범사가 잘되는 삶으로 이끄심을 감사드립니다. 이 땅을 살아가는 동안 오직 주님만을 섬기는 복된 가정이 되게 하옵소서.
주님!
모든 것 되시는 주님께 사랑하는 ○○(이)를 위하여 기도합니다. ○○(이)에게 주님이 주시는 꿈과 비전이 있기를 원합니다. ○○(이)가 언제나 주님이 주시는 꿈과 비전을 갖고 사는 삶이 되게 하옵소서.
주님이 주시는 그 꿈과 비전이 언제나 아이의 인생을 움직일 수 있게 하시고, 그 꿈과 비전으로 인해 언제 어디서나 희망이 넘쳐나는 삶이 되게 하옵소서.

성경의 요셉이 감당키 어려운 환경 속에서도 주님이 주신 비전을 붙들고 살았기에 늘 인내하고 일어나는 삶을 산 것처럼, ○○(이)에게 주어진 환경이 아무리 열악할지라도 주님이 주신 꿈과 비전을 붙들고 늘 인내하며 일어나는 삶을 살아갈 수 있게 하옵소서.

또한 ○○(이)의 인생 가운데 주님이 주시는 영적인 목표를 발견할 수 있기 원합니다. 하나님의 자녀이면서도 육신적인 것에만 치우쳐 있는 삶이 되지 말게 하시고, 주님이 아이에게 주시는 영적인 목표를 발견하여 그 목표를 향해 달음질 할 수 있는 삶이 되게 하옵소서.

우리 주님이 뜻하신 때에, 주님이 뜻하신 그릇으로 빚으셔서 아이의 인생을 복되게 하실 것을 믿습니다.

사랑하는 ○○(이) 뿐만이 아니라 주님을 믿는 모든 아이들에게도 영적인 목표와 비전을 주셔서 그것으로 인해 복된 인생을 누릴 수 있게 하옵소서.

예수 그리스도의 이름으로 기도합니다. 아멘

기도체크

월/일

푯대를 향하여 달려가기 원해요

말씀을 의지함(Relying on the Word)　　　　빌립보서 3:12

내가 이미 얻었다 함도 아니요 온전히 이루었다 함도 아니라 오직 내가 그리스도 예수께 잡힌바 된 그것을 잡으려고 달려가노라

사랑의 주님!
저를 주님의 백성으로 삼으셔서 항상 기도할 수 있는 복을 더하시니 감사드립니다. 어떤 삶이 주어질지라도 낙망치 않고 항상 기도에 힘쓰는 삶이 되게 하옵소서.
주님!
자녀를 위한 기도는 주님의 안타까운 명령이기에 사랑하는 ○○(이)를 위하여 기도합니다. ○○(이)가 이 땅을 살아가는 동안 능동적으로 사는 삶이 되게 하옵소서.
스스로 비겁하게 살려고 하거나, 스스로 나약한 길을 선택하는 삶이 되지 않게 하옵소서.
무조건 편안하게 살려고 하거나, 고난과 역경을 두려워하여 피하는 삶이 되지 않게 하옵소서. 아무리 힘든 고난이 닥쳐와도 도망가지 아니하고 능히 헤치고 나가는 돌파력을 갖춘 사람이 되게 하옵소서.

피땀 흘린 것일지라도 연연해하지 아니하며, 이미 얻고 이룬 것들이 있다고 하여 편히 누리는 것에 안주하지 않게 하옵소서.

쉽고 편하게 살 수 있는 길은 성경의 정신이 아님을 믿습니다. 갖춰진 것들에만 길들여져 사는 것은 믿음의 사람들이 보여준 태도가 아님을 믿습니다.

사랑하는 ○○(이)가 늘 새로운 푯대를 정하고, 그 푯대를 향하여 경주하듯 달려가는 삶을 살아가게 하옵소서. 그것이 어렵고 힘들지라도 주눅들거나 피하지 말게 하시고, 정면으로 돌파하여 자신을 단련시키고 능히 헤쳐 나가는 그런 사람으로 살아가게 하옵소서.

사람이 가장 아름다울 때가 푯대를 향하여 경주할 때임을 믿습니다. 하나님이 가장 자랑스러워하시는 사람은 끝까지 경주자의 자세를 잃지 않는 사람임을 믿습니다. 예수 그리스도의 이름으로 기도합니다. 아멘

기도체크

긍정의 사람이 되기 원해요

말씀을 의지함(Relying on the Word)　　　　마가복음 9:23

예수께서 이르시되 할 수 있거든이 무슨 말이냐 믿는 자에게는 능히 하지 못할 일이 없느니라

사랑의 주님!
항상 변함없는 사랑으로 저희 가정을 붙들고 계심을 감사드립니다.
항상 주님을 사랑하고 섬기며 주님과 한몸을 이루는 가정이 되게 하옵소서.
주님!
모든 것 되시는 주님께 ○○(이)를 위하여 기도합니다.
○○(이)에게 주님의 마음을 심어주셔서 언제나 긍정의 생각으로 사는 삶이 되게 하옵소서.
혹 삶이 ○○(이)를 속일지라도 "합력하여 선을 이루시는 주님"의 섭리하심을 바라보며 희망을 포기하는 일이 없게 하시고, "내게 능력주시는 자 안에서 모든 것을 할 수 있다"는 자신감을 가지고 힘 있게 살아갈 수 있게 하옵소서.

만나고 접촉하는 사람들에게도 웃을 수 있는 기쁨과 즐거움을 선물할 수 있게 하시고, 어떤 대화를 하든지 축복의 언어로 희망을 담아낼 수 있는 사람이 되게 하옵소서.

또한 어떤 일을 하든지 용기 있는 행동과 적극적인 모습을 보일 수 있게 하시고, 무엇을 하든지 창조적으로 감당할 수 있는 사람이 되게 하여 주옵소서.

우리 주님은 긍정의 생각으로 사는 OO(이)를 통하여 미래를 열어가는 축복의 그릇으로 사용하실 것을 믿습니다.

하나님과 통하는 믿음의 그릇으로 사용하실 것을 믿습니다.

이 시대에 꽉 막힌 것들을 시원케 할 수 있는 축복의 통로로 사용하실 것을 믿습니다.

사랑하는 OO(이)가 언제나 긍정의 생각을 가지고 하나님을 기쁘시게 하고, 이웃을 부요케 하며, 하나님의 희망을 심는 삶을 살게 하옵소서.

예수 그리스도의 이름으로 기도합니다. 아멘

기도체크

소명의 사람이 되기 원해요

말씀을 의지함(Relying on the Word)   고린도전서 7:7

나는 모든 사람이 나와 같기를 원하노라 그러나 각각 하나님께 받은 자기의 은사가 있으니 이 사람은 이러하고 저 사람은 저러하니라

사랑의 주님!
저희 가정을 영원히 썩지 않는 생명의 자리로 옮기셔서 주님만을 섬기는 믿음의 가정이 되게 하시니 감사드립니다.
언제나 예수님의 향기를 풍기며 기쁜 마음으로 살아가는 가정이 되게 하옵소서.
주님!
우리 ○○(이)를 주님의 이름으로 축복하며 기도합니다. ○○(이)가 소명의 사람으로 살게 하옵소서.
하나님께서 사람마다 각기 다른 재능과 달란트(Talent)를 선물로 주신 것을 깨닫습니다.
사랑하는 ○○(이)에게도 하나님이 주신 재능이 있는

줄 믿습니다.

하나님이 그 재능을 주신 것은 당신의 영광을 위하여 살도록 하기 위함이오니, ○○(이)가 받은 재능과 달란트가 주님이 이루시고자 하는 것을, 이루어 갈 수 있는 축복의 도구가 되게 하옵소서.

또한, 그것이 하나님께 부름을 받은 소명의 사람으로 사는 것임을 잊지 않게 하옵소서.

혹 다른 사람의 재능이 월등해 보이고 좋아 보일지라도, 자기에게 있는 재능과 비교하지 말게 하시고, 공평하신 하나님께서는 주님의 사랑하는 자녀에게 절대 열등한 재능을 주지 않으셨다는 것을 확신하여 자신의 재능과 소명을 잘 발전시키며 주님의 뜻을 이루는 삶을 살 수 있게 하옵소서.

다른 사람의 것과 비교할 때 하나님이 기뻐하시는 소명의 사람으로 살지 못하고, 사단이 좋아하는 욕심대로 육욕에 이끌려 살게 된다는 것을 기억하게 하옵소서.

사랑하는 ○○(이)가 소명의 사람으로 살기를 간절히 소망합니다.

예수 그리스도의 이름으로 기도합니다. 아멘

기도체크

자기를 존중할 수 있기 원해요

말씀을 의지함(Relying on the Word) 베드로전서 2:9

그러나 너희는 택하신 족속이요 왕 같은 제사장들이요 거룩한 나라요 그의 소유가 된 백성이니

사랑의 주님!
아무 쓸모없는 이 죄인을 가장 큰 영광의 자녀로 삼으시고 주님을 섬기는 부모로 살아갈 수 있는 은혜와 축복을 주시니 감사합니다.
주님!
주님의 은총의 선물인 사랑하는 ○○(이)를 축복하며 기도합니다. ○○(이)가 자신을 존중할 줄 아는 자존감이 있게 하옵소서.
자신은 주님의 가장 큰 사랑을 받고 있는 존재임을 항상 기억하게 하시고, 주님이 보시기에 두고 보고 또 보아도 아깝지 않은 존재라는 것을 기억하게 하옵소서.
주님이 사람의 생명과 목숨이 천하보다 귀함을 말씀하셨듯이, ○○(이)도 자신의 존재가 천하보다 더 크고 귀중한 존재라는 것을 항상 잊지 않게 하옵소서.
언제나 자신이 가치 있는 존재임을 인식하여 자신을 소중히 여길 줄 알며 사랑할 수 있게 하시고, 어떤 역경도 넉넉히 이겨낼 수 있는 능력이 있음을 확신할 수 있게 하옵소서.
어떤 사람 앞에서도 자신을 과소평가하여 소극적인 행동을 보이는 일이 없게 하시고, 당당하게 자신의 존재를 밝히며 흔들리지 않는 모습으로 살아갈 수 있게 하옵소서.
어떤 일을 하든지 그것이 옳고 정당한 일이라면 소신 있게 추진할 수 있게 하시고, 아무리 작은 일이라도 그것이 주님의 영광을 위한 일이라면 자긍심을 갖게 하옵소서.
실수가 있다면 자신을 용서하며 더욱 노력할 줄 알게 하시고, 실패가 있을지라도 유연하게 대처할 수 있는 여유가 있게 하옵소서.
그러나 높은 자존감으로 타인을 무시하거나 극단에 치우치는 일이 없게 하시고, 주님을 믿는 신앙으로 삶의 균형을 잘 유지해 나갈 수 있는 지혜로운 아이가 되게 하옵소서.
예수 그리스도의 이름으로 기도합니다. 아멘

기도체크

주님만을 경영자로 삼기 원해요

말씀을 의지함(Relying on the Word)　　　　이사야 14:27

만군의 여호와께서 경영하셨은즉 누가 능히 그것을 폐하며 그의 손을 펴셨은즉 누가 능히 그것을 돌이키랴

사랑의 주님!
슬플 때나 기쁠 때나, 일할 때나 쉴 때에도 함께하시고 주님의 선하신 뜻대로 이끄심을 감사드립니다. 순간순간마다 주님의 은혜를 맛보아 아는 삶이 되게 하옵소서.
주님!
사랑의 자녀 ○○(이)을 위하여 축복하며 기도합니다.
○○(이)가 삶이 주님을 경영자로 모시고 살아가는 삶이 되게 하옵소서.
사람이 마음으로 자기의 길을 계획할지라도 그 걸음을 인도하시는 이는 여호와 하나님이신 것을 기억하여 모든 것을 주님께 맡기고 주님만 의지할 수 있는 삶이 되게 하옵소서(잠16:9).

"여호와께 피함이 사람을 신뢰함보다 나으며, 여호와께 피함이 고관들을 신뢰함보다 낫다"고 하였사오니 어렵고 힘든 일이 있을 때에도 오직 주님께만 피하는 삶이 되게 하옵소서(시118:8,9).

○○(이)가 어떤 것에 대한 확신이 서지 않아 고민되며 지혜의 부족함을 느낄 때, 모든 사람에게 후히 주시고 꾸짖지 아니하시는 주님께 엎드려 구할 수 있는 삶이 되게 하옵소서(약1:5)

"귀인들을 의지하지 말며 도울 힘이 없는 인생도 의지하지 말라"(시 146:3)고 하였사오니 그 어떤 달콤한 유혹이 있을지라도 오직 주님만을 향하여 시선을 고정할 수 있는 삶이 되게 하옵소서.

사랑하는 ○○(이)가 언제나 주님만을 자신의 인생에 경영자로 모시고 살게 하셔서, 주님이 세우시는 진정한 성공을 누릴 수 있는 삶이 되게 하옵소서.

예수 그리스도의 이름으로 기도합니다. 아멘

기도체크

감사의 사람이 되기 원해요

말씀을 의지함(Relying on the Word)   데살로니가전서 5:18

범사에 감사하라 이는 그리스도 예수 안에서 너희를 향하신 하나님의 뜻이니라

사랑의 주님!
저희 가정을 사랑으로 보듬어 주시고 돌보아주심을 감사드립니다.
모든 것 되시는 주님께 사랑받기 위하여 태어난 아이를 위하여 기도하게 하시니 주님의 은총이요 축복임을 믿습니다.
주님!
○○(이)가 언제나 감사할 수 있는 삶을 살게 하옵소서.
기쁘고 즐거운 일이 있을 때에만 감사하는 것이 아니라 어렵고 힘든 일이 마음을 무겁게 할 때에도 주님께 감사할 수 있는 사람이 되게 하옵소서.
원하는 일이 잘되고 있을 때에만 감사하는 것이 아니라

원하는 대로 안되고 있을 때에도 주님의 선하신 손길을 바라보며 감사할 수 있는 사람이 되게 하옵소서.

인정과 칭찬을 들었을 때에만 감사하는 것이 아니라 책망과 훈계를 들었을 때에도 겸손을 알게 하신 주님께 감사할 수 있는 사람이 되게 하옵소서.

사람들에게 관심과 사랑을 받고 있을 때에만 감사하는 것이 아니라 미움과 오해를 받고 있을 때에도 합력하여 선을 이루시는 주님께 감사할 수 있는 사람이 되게 하옵소서.

주어진 조건과 형편이 너무 좋고 윤택할 때에만 감사하는 것이 아니라 최악의 조건과 열악한 환경이 되었을 때에도 낮아짐의 자리를 깨닫게 하신 주님께 감사할 수 있는 사람이 되게 하옵소서.

건강한 육체와 정신을 가졌을 때에만 감사하는 것이 아니라 아픔과 질병에 놓여있을 때에도 돌보시는 주님을 바라보며 감사할 수 있는 사람이 되게 하옵소서.

주님! 우리 ○○(이)가 모든 것 다 주님께 감사할 수 있는 감사의 사람이 되게 하옵소서.

예수 그리스도의 이름으로 기도합니다. 아멘

기도체크

꼭 필요한 사람이 되기 원해요

말씀을 의지함(Relying on the Word) 시편 91:14

하나님이 이르시되 그가 나를 사랑한즉 내가 그를 건지리라 그가 내 이름을 안즉 내가 그를 높이리라

사랑의 주님!
저희 가정을 사랑으로 보듬어 주시고 돌보아주심을 감사드립니다. 이 땅에서 주님의 자녀로 살아가는 동안 주님을 더 잘 섬기는 가정이 되게 하옵소서.
주님!
모든 것 되시는 주님께 ○○(이)를 위하여 기도합니다. ○○(이)가 이 사회에 꼭 필요한 사람이 되게 하옵소서. 이 땅에서 한 번 밖에 주어지지 않는 소중한 삶을, 있으나마나한 사람으로 사는 일이 없게 하시고, 없어서는 안 되는 사람으로 살아갈 수 있게 하옵소서.
꼭 필요한 사람이 된다는 것이 생각처럼 쉬운 것은 아니겠지만, 꼭 있어야 하는 사람이 되면 그 한 사람 때문에 그가 속한 공동체와 사회가 복을 받게 된다는 것을 기억하게 하옵소서.

꼭 있어야 하는 사람이 되기 위하여 그에 따른 마땅한 대가를 지불할 줄 알게 하옵소서.

열심히 공부함으로 인격을 갖춘 실력을 기를 수 있게 하시고, 인생의 목표도 바르게 정하여 달려갈 수 있게 하옵소서. 자기발전을 위하여 끊임 없이 노력하게 하시고, 공공의 유익을 위하여 맡겨진 일에는 성실을 밥으로 삼을 수 있는 사람이 되게 하옵소서.

도전해볼 만한 가치가 있는 일이라면 망설임이 없게 하시고, 어떤 결과가 주어지든 실패를 두려워하지 않고 최선을 다할 수 있는 사람이 되게 하옵소서.

특히 인생의 주인이 창조주 하나님이라는 것을 잊지 않고 항상 하나님을 온전히 의지하는 신앙이 그 삶의 중심이 되게 하옵소서.

사랑하는 ○○(이)를 꼭 있어야만 하는 사람으로 이끄실 것을 믿습니다.

예수 그리스도의 이름으로 기도합니다. 아멘

기도체크

주님만을 의지하기 원해요

말씀을 의지함(Relying on the Word)   시편 146:3

귀인들을 의지하지 말며 도울 힘이 없는 인생도 의지하지 말지니

사랑의 주님!
부족한 죄인을 영원히 썩지 않는 생명의 자리로 옮기시고 주님의 나라를 바라보며 살 수 있게 하시니 감사합니다. 이 땅을 살아가는 동안 오직 주님만을 의지하며 살아갈 수 있게 하옵소서.
주님!
사랑하는 ○○(이)를 축복하며 기도합니다. ○○(이)도 항상 주님만을 의지하며 살아갈 수 있기를 소망합니다. 자기 스스로 무엇이든 할 수 있는 자신감이 있어도 조금 더 주님의 지혜를 구할 수 있는 마음을 갖게 하시고, 자신의 생각이 아무리 옳고 좋을지라도 한 번 더 기도로 점검할 줄 아는 겸손이 있게 하옵소서.
아무리 잘되고 잘 풀린다 할지라도 주님을 의지하지 않

는 인생은 결국 망하게 될 수밖에 없음을 기억하여 항상 주님을 의지하며 주님의 도우심을 바랄 수 있는 ○○(이)가 되게 하옵소서.

흑암의 권세로 덮여있는 세상에서 무엇을 찾으려고 힘쓰는 일이 없게 하시고, 주님이 주신 생명의 말씀 속에서 인생에 대한 진리를 깨닫기 위하여 마음을 쏟을 수 있는 ○○(이)가 되게 하옵소서.

사람의 도움이 아무리 필요해도 주님의 도우심을 바라는 것보다 앞서는 일 없게 하시고, 세상 끝날까지 항상 함께 하시겠다는 주님의 동행의 약속을 굳게 붙들 수 있는 ○○(이)가 되게 하옵소서.

주님!

괴롬 많고 눈물 흘리는 일들이 너무나 많은 세상이기에 사랑하는 ○○(이)가 오직 주님만을 의지하며, 주님만을 바랄 줄 아는 믿음의 사람이 되기를 간절히 소망합니다.

예수 그리스도의 이름으로 기도합니다. 아멘

기도체크

이런 삶의 자세가 있기 원해요

말씀을 의지함(Relying on the Word)　　　고린도전서 15:58

그러므로 내 사랑하는 형제들아 견실하며 흔들리지 말고 항상 주의 일에 더욱 힘쓰는 자들이 되라 이는 너희 수고가 주 안에서 헛되지 않은 줄을 앎이라

사랑의 주님!
"내 집은 만민이 기도하는 집이라 칭함을 받으리라"(막 11:17)고 말씀하시며 스스로 기도의 본을 보이셨던 주님을 기억합니다.
이 땅을 살아가는 동안 주님의 기도를 본받아 항상 기도하기에 힘쓰는 삶이 되게 하옵소서.
주님!
함께하시는 주님을 의지하여 사랑하는 ○○(이)를 위하여 기도합니다. ○○(이)가 이 땅을 살아가는 동안 이런 삶의 자세로 살 수 있게 하옵소서.
그 어떤 실패에도 낙심하지 않고 당당히 일어설 수 있

는, 그 어떤 시련에도 포기하지 않고 당당히 뚫고 나갈 수 있는 자세로 살 수 있게 하옵소서.

그 어떤 위기에도 당황하지 않고 당당히 맞설 수 있는, 그 어떤 불행에도 불평하지 않고 당당히 수용할 수 있는 자세로 살 수 있게 하옵소서.

그 어떤 아픔에도 슬퍼하지 않고 당당히 떨쳐버릴 수 있는, 그 어떤 고난에도 실족하지 않고 당당히 헤쳐 나갈 수 있는 자세로 살 수 있게 하옵소서.

그 어떤 위험에도 피하지 않고 당당히 겨룰 수 있는, 그 어떤 불의에도 굴하지 않고 당당히 외칠 수 있는 자세로 살 수 있게 하옵소서.

그 어떤 충격에도 흔들리지 않고 당당히 용기를 낼 수 있는, 그 어떤 안 좋은 결과에도 단념하지 않고 당당히 재도전할 수 있는 자세로 살 수 있게 하옵소서.

주님! 사랑하는 ○○(이)가 이런 사람의 자세로 살아갈 수 있도록 이끌어주옵소서.

예수 그리스도의 이름으로 기도합니다. 아멘

기도체크

때에 맞게 살기를 원해요

말씀을 의지함(Relying on the Word) 전도서 3:1

범사에 기한이 있고 천하 만사가 다 때가 있나니

사랑의 주님!
주님의 사랑을 입은 자녀이기에 기도로 주님을 마주하게 되었습니다. 항상 입술에서 고백이 떠나지 않는 삶이 되게 하시고, 더 많이 무릎을 꿇으므로 성령의 위로하심을 경험하는 삶이 되게 하옵소서.
주님!
자식을 위한 기도는 부모만이 할 수 있는 특권이기에 ○○(이)를 위해서 기도합니다. ○○(이)에게 때에 맞는 삶을 살아갈 수 있는 은혜를 주옵소서.
천하만사가 다 때가 있는데 이 땅에 살아가는 많은 사람들 중에 때에 맞지 않는 삶을 사는 사람이 얼마나 많습니까?
기한이 정해진 인생을 살면서 그 인생 가운데 주어진 수 많은 때를 놓치며 사는 사람이 얼마나 많습니까?

사랑하는 ○○(이)는 때를 놓치는 어리석은 인생이 아닌, 때에 맞는 아름다운 삶을 살아갈 수 있게 하옵소서.

배움의 기회가 있을 때 열심히 공부할 수 있게 하시고, 일할 수 있을 때 열심히 일할 수 있는 삶이 되게 하옵소서.

꿈과 비전을 품고 목표를 향하여 힘 있게 달려갈 수 있는 정신과 체력이 있을 때 최선을 다할 수 있는 삶이 되게 하옵소서.

도전해볼 만한 가치가 있을 때 뒤로 물러섬이 없게 하시고, 자기 발전을 위하여 끝없이 노력할 수 있는 삶이 되게 하옵소서.

때에 맞지 않는 일은 잘 구분할 수 있게 하셔서, 취할 것은 취하고 끊어버릴 것은 단호히 끊어버릴 수 있는 지혜로운 삶이 되게 하옵소서.

사랑하는 ○○(이)가 때를 따라 아름답게 지으신 하나님께 영광 돌리는 삶을 살기를 소망합니다.

예수 그리스도의 이름으로 기도합니다. 아멘

기도체크

행복한 사람이 되기 원해요

말씀을 의지함(Relying on the Word)　　　신명기 33:29

이스라엘이여 너는 행복한 사람이로다 여호와의 구원을 너 같이 얻은 백성이 누구냐 그는 너를 돕는 방패시요 네 영광의 칼이시로다

사랑의 주님!
주님의 자녀 된 행복을 누리게 하심을 감사드립니다. 언제나 주님을 믿고 섬기는 기쁨으로 행복할 수 있는 삶이 되게 하옵소서.
주님!
사랑하는 ○○(이)를 위하여 기도합니다. 배 아파 낳은 아이가 행복하기를 바라는 마음은 어느 부모라도 동일하다는 것을 우리 주님은 아시지요?
불행한 일들만 겹겹이 쌓여가는 세상이기에, 미움과 분노와 질시와 폭력이 난무하고 있는 세상이기에, 꿈을 꾸어도 앞이 전혀 보이지 않는 세상이기에, 아이가 행복해지기를 바라는 부모의 마음은 그 어느 때보다도 간절하기만 합니다.

주님!

우리 주님은 목숨까지도 저희를 위하여 버리셨기에 주님의 자녀가 행복해지기를 간절히 원하고 계시는 줄 믿습니다.

능력의 우리 주님이 사랑하는 아이의 행복을 지켜주옵소서. 아이가 행복을 느끼는 인생을 살아갈 수 있도록 인도해 주옵소서.

세상이 줄 수 없고 세상에서 얻을 수도 없는 행복을 우리 주님이 채워주시고, 그 마음에 평안의 복이 떠나지 않게 하여 주옵소서.

주님이 곁에 계시기에 안전을 느끼며, 주님이 도와주시기에 걱정하지 않으며, 주님이 지켜주시기에 두려워하지 않으며, 주님이 돌보아주시기에 불안해하지 않는 아이가 되게 하옵소서.

어떤 환경 속에서도 주님 때문에 항상 평안을 느끼며, 주님 때문에 항상 행복해하며 주님만을 잠잠히 바랄 수 있는 아이가 되게 하옵소서.

예수 그리스도의 이름으로 기도합니다. 아멘

기도체크

방종의 삶이 되지 않기 원해요

말씀을 의지함(Relying on the Word)   누가복음 21:34

너희는 스스로 조심하라 그렇지 않으면 방탕함과 술취함과 생활의 염려로 마음이 둔하여지고 뜻밖에 그 날이 덫과 같이 너희에게 임하리라

사랑의 주님!
저희 가정에 기업을 이을 수 있는 귀한 생명을 선물로 주심을 감사합니다.
저희로 하여금 하늘의 기업을 잇게 하신 주님의 크신 은혜를 생각하며 자녀를 잘 양육할 수 있는 부모가 되게 하옵소서.
주님!
○○(이)를 축복하며 기도합니다. ○○(이)의 삶이 주님을 멀리하며 제멋대로 사는 방종의 삶이 되지 않게 하옵소서.
정말 아무에게도 방해받지 않고, 거리낌 없이, 자기 맘대로 행동하며 사는 것이 잘사는 것이 아님을 기억하여 항상 삶의 기준을 주님께 두고 살아갈 수 있게 하옵소서.

방종은 방탕으로 흐르게 되고 결국은 자신을 불행하게 만드는 것임을 잊지 말게 하셔서, 조금 불편하고 조금 힘들어도 항상 원칙과 기준을 잘 지키며 살아가는 삶이 되게 하옵소서.

일상생활의 윤리와 규범도 잘 지킬 수 있게 하시고, 신앙생활의 규범도 잘 지키며, 책임과 의무가 따르는 것을 피하지 않는 삶을 살아갈 수 있게 하옵소서.

혹, 자신도 억제하기 힘든 방종에 대한 숨은 욕망이 꿈틀거릴지라도 그와 같은 본능과 싸워 잘 이길 수 있게 하시고, 그것이 힘들어질 때 더욱 성령님을 강하게 의지할 수 있는 ○○(이)가 되게 하옵소서.

사랑하는 ○○(이)가 정말 자기 맘대로 아무렇게나 막 살려고 하는 생각을 갖지 않기를 원합니다. 주님 보시기에 잘사는 사람이 되기를 원합니다. 바르게 사는 삶이 되기를 원합니다. 성령님이 그 생각과 마음을 붙들어 주시고 지켜주옵소서.

예수 그리스도의 이름으로 기도합니다. 아멘

기도체크

제한하지 않기를 원해요

말씀을 의지함(Relying on the Word)　　　　　잠언 29:23

사람이 교만하면 낮아지게 되겠고 마음이 겸손하면 영예를 얻으리라

사랑의 주님!
혼란스럽고 힘든 세상 속에서도 믿음의 주요 온전하게 하시는 이인 주님을 바라보며 믿음으로 살아갈 수 있게 하시니 감사합니다. 언제나 주님만을 바라보고 의지하며 믿음의 빛을 밝게 비추는 삶이 되게 하옵소서.
주님!
우리 ○○(이)를 위하여 축복하며 주님께 기도드립니다. ○○(이)가 모든 것을 자기 사고의 틀에만 맞춰 자기 편의대로 제한하며 사는 일이 없게 하옵소서.
혹 사랑하는 우리 ○○(이)에게 제한하는 어리석음이 있었다면 용서하여 주시고, 그 속에 편견의 잣대를 거두어 가시고, 균형 잃은 마음의 저울을 바로잡아 주옵소서.

자기 손길이 가지 않은 것을 무시하는 일이 없게 하시고, 자기 생각이 미치지 않은 것을 업신여기지 않는 사람이 되게 하옵소서.

자기 생각의 깊이보다 다른 사람의 생각을 더 깊게 볼 수 있게 하시고, 자기 마음의 넓이보다 다른 사람의 마음을 더 넓게 볼 수 있는 사람이 되게 하옵소서.

자기를 판단하거나 저주하는 사람이 있다면 오히려 축복할 수 있게 하시고, 자기를 싫어하는 사람도 품어주고 헤아려 줄 수 있는 사람이 되게 하옵소서.

다른 사람의 실수에는 늘 관대함을 보일 수 있게 하시고, 자신의 실수에는 늘 엄격함을 보일 수 있는 사람이 되게 하옵소서. 그리하여 늘 스스로에게 엄격하셨던 주님을 닮아가는 삶이 되게 하옵소서.

주님! ○○(이)가 언제나 자기와 함께하시기를 원하시는 주님을 만나는 삶이 되기를 원합니다. 자기에게 향하신 주님의 계획하심을 경험하는 삶이 되기를 원합니다. 예수 그리스도의 이름으로 기도합니다. 아멘

기도체크

치우치지 않기를 원해요

말씀을 의지함(Relying on the Word) 여호수아 1:7

오직 강하고 극히 담대하여 나의 종 모세가 네게 명령한 그 율법을 다 지켜 행하고 우로나 좌로나 치우치지 말라 그리하면 어디를 가든지 형통하리니

사랑의 주님!
주님의 사랑을 생각하면 할수록 그 크신 사랑에 한없이 감사할 뿐이옵니다. 언제나 주님의 크신 사랑 안에 거하기를 힘쓰는 삶이 되게 하옵소서.
주님!
변함없는 주님의 사랑을 의지하여 아이를 축복하며 기도합니다. ○○(이)가 이 땅을 살아가는 동안 어느 한쪽으로 치우치는 삶이 되지 않기를 원합니다.
인생의 모든 것이 동전의 양면과 같다는 것을 기억하여 자신이 보고 있고, 자신이 알고 있는 것만이 바르고 옳은 것이 아님을 깨달으며 살아갈 수 있게 하옵소서.

생각하는 것이나 말하는 것도 어느 한쪽으로 치우치는 일이 없게 하시고, 누구를 사귀는데 있어서도 어느 한쪽으로 치우치는 일이 없게 하시며, 신앙생활을 하는데 있어서도 한쪽으로 치우치는 일이 없게 하옵소서.

오른손이 있으면 왼손이 있듯, 오른손잡이가 있으면 왼손잡이가 있다는 것도 이해할 수 있게 하옵소서. 그리하여 오른손만이 바른손이 아님을 생각하며 살아가게 하옵소서.

쉽지는 않겠지만 자신과 다른 사람을 많이 이해하려고 노력하게 하시고, 인정하려고 노력할 수 있게 하옵소서. 더 나아가 그들에게서 자신의 부족함도 배울 수 있는 마음을 갖게 하옵소서.

주님!

사랑하는 우리 ○○(이)가 치우침이 없는 인생길을 걷게 하셔서 주님이 보시기에 균형 잡힌 믿음의 사람이 되게 하옵소서.

그리하여 어디로 가든지 하나님의 인도하심이 따르는 형통의 삶이 되게 하옵소서.

예수 그리스도의 이름으로 기도합니다. 아멘

기도체크

기뻐하며 살 수 있기 원해요

말씀을 의지함(Relying on the Word)   데살로니가전서 5:16~18

항상 기뻐하라 쉬지 말고 기도하라 범사에 감사하라 이것이 그리스도 예수 안에서 너희를 향하신 하나님의 뜻이니라

사랑의 주님!
날마다 주님과의 교제가 이루어지는 축복의 삶이 되기를 원합니다.
항상 성령의 충만함으로 이끄셔서 주님과의 깊은 교제를 누리는 삶이 되게 하옵소서.
주님!
아이를 위한 기도가 제 입술에서 멈추지 않기를 소원하며 ○○(이)를 위하여 기도합니다. ○○(이)의 삶이 언제나 기쁨을 잃지 않는 삶이 되게 하옵소서.
뜻대로 되지 않는다고 하여 짜증을 내거나 속상한 감정에 휘말리는 일이 없게 하시고, 평안을 주시는 주님을 의지함으로 항상 기쁨을 잃지 않는 삶이 되게 하옵소서.

원치 않는 환경 속에 놓인다 할지라도 두려워하거나 겁내는 일 없게 하시고, 밝은 빛이 되시는 주님을 의지함으로 항상 기쁨을 잃지 않는 삶이 되게 하옵소서.

혹 인생 가운데 찾아오는 고난과 시험이 있을지라도 오래 참으신 주님을 바라봄으로 넉넉히 이길 수 있게 하시고, 어떤 형편에 처하든지 형통케 하시는 주님의 인도하심을 바라보며 기쁨을 잃지 않는 삶이 되게 하옵소서.

또한 언제나 기뻐하는 삶으로 만나는 모든 사람들에게도 기쁨과 웃음을 줄 수 있는 사람이 되게 하옵소서.

ㅇㅇ(이)가 속한 공동체 속에서도 항상 기뻐하는 모습을 보임으로 웃음꽃이 피게 하는 행복바이러스가 되게 하옵소서. 더 나아가 하나님께도 기쁨을 드릴 수 있는 믿음의 사람이 되게 하옵소서.

사랑하는 ㅇㅇ(이)가 언제나 기쁨을 잃지 않는 삶으로 육신의 건강뿐 아니라, 영혼도 맑아지고 주님께 큰 기쁨이 되는 믿음의 사람이 되게 하옵소서.

예수 그리스도의 이름으로 기도합니다. 아멘

기도체크

되어주는 사람이 되기 원해요

말씀을 의지함(Relying on the Word)　　　누가복음 10:36

네 생각에는 이 세 사람 중에 누가 강도 만난 자의 이웃이 되겠느냐

사랑의 주님!
비교할 것 없이 좋으신 우리 주님이심을 믿습니다. 기도를 통하여 미처 깨닫지 못했던 깨달음을 주시고, 더욱 기도할 수 있는 감동을 주심을 감사드립니다.
주님!
자녀를 위하여 기도하는 것은 주님의 명령이시기에 사랑하는 ○○(이)를 위하여 기도합니다. ○○(이)가 이 땅을 살아가는 동안 되어주는 사람으로 살아가게 하옵소서.
자신에게 도움을 줄 수 있는 사람이 누구일까 생각하며 누군가의 도움을 바라면서 사는 사람이기보다, 자신이 누구에게 도움을 줄 수 있을까 생각하며 도움을 주고자 하는 마음으로 살 수 있는 사람이 되게 하옵소서.

자신에게 위로를 줄 수 있는 사람이 누구일까 생각하며 누군가의 위로를 바라면서 사는 사람이기 보다, 자신이 누구에게 따뜻한 위로를 줄 수 있을까 생각하며 위로를 주고자 하는 마음으로 살 수 있는 사람이 되게 하옵소서.

자신에게 유익을 줄 수 있는 사람이 누구일까 생각하며 누군가의 유익을 구하면서 사는 사람이기보다, 자신이 누구에게 유익을 줄 수 있을까 생각하며 유익을 주고자 하는 마음으로 살 수 있는 사람이 되게 하옵소서.

자신에게 행복을 주는 사람이 누구일까 생각하며 누군가에게 행복을 구하면서 사는 사람이기보다, 자신이 누구에게 행복이 되어줄 수 있을까 생각하며 행복을 주고자 하는 마음으로 사는 사람이 되게 하옵소서.

사랑하는 ○○(이)가 누군가에게 무엇이 되어주는 삶을 살아감으로 강도 만난 자의 이웃이 되어주기를 원하셨던 주님의 마음을 담아낼 수 있는 복 있는 사람이 되게 하옵소서.

예수 그리스도의 이름으로 기도합니다. 아멘

기도체크

잘 사는 삶이 되기를 원해요

말씀을 의지함(Relying on the Word) 고린도후서 8:9

우리 주 예수 그리스도의 은혜를 너희가 알거니와 부요하신 이로서 너희를 위하여 가난하게 되심은 그의 가난함으로 말미암아 너희를 부요하게 하심이라

사랑의 주님!
죄에서 구원하여 주신 것만도 놀라우신 주님의 은혜인데, 이처럼 기도로 주님을 가까이 할 수 있는 삶을 살게 하시니 더욱 큰 은혜임을 깨닫습니다. 일생을 다하도록 주님만을 의지하는 삶이 되게 하옵소서.
주님!
오늘도 어김없이 사랑하는 ○○(이)를 축복하며 기도하기를 원합니다. ○○(이)가 이 땅을 살아가는 동안 잘 사는 삶이 되게 하옵소서.
꿈을 가지고 공부하는 것이 단지 자신의 야망만을 이루기 위한 것이 아니라, 남도 잘되도록 하기 위하여 공부할 수 있는 중심이 되게 하옵소서.
권세를 갖고자 하는 것도 단지 자신의 힘을 과시하고자 함이 아니라, 남과도 그 힘을 나누어 갖기 위하여 권세를 좇을 수 있는 중심이 되게 하옵소서.
부자가 되고자 하는 것도 단지 자신의 배만 불리기 위함이 아니라, 다른 사람의 배고픔의 고통도 함께 나누기 위하여 부자가 되려는 중심이 되게 하옵소서.
○○(이)가 하는 모든 것들이 남을 이롭게 하는 것이 되게 하시고, 남을 살리는 것이 되게 하시고, 남을 잘살게 하는 것이 되게 하옵소서.
이것이 진정으로 주님의 뜻을 따르는 삶임을 잊지 않는 ○○(이)가 되게 하옵소서.
이렇게 산다는 것이 결코 쉬운 것은 아니지만, 그렇게 어려운 것도 아님을 주님을 바라보며 깨닫게 하시고, 항상 주님을 의지하는 기도를 통하여 용기를 얻게 하옵소서.
사랑하는 우리 ○○(이)가 잘사는 삶이 되게 하실 것을 믿습니다.
예수 그리스도의 이름으로 기도합니다. 아멘

기도체크

잘못을 인정할 수 있기 원해요

말씀을 의지함(Relying on the Word)　　　요한일서 1:9

만일 우리가 우리 죄를 자백하면 그는 미쁘시고 의로우사 우리 죄를 사하시며 우리를 모든 불의에서 깨끗하게 하실 것이요

사랑의 주님!
아이를 위하여 기도를 하면 할수록 왜 아이를 위한 기도가 중요한지를 가슴으로 느낍니다.
주님께 드리는 기도 속에 주님의 뜻을 담기를 원합니다. 제 생각과 마음을 온전히 주장하셔서 주님의 뜻을 이루는 기도가 되게 하옵소서.
주님!
아이를 위한 기도가 제 입술에서 멈추지 않기를 소원하며 ○○(이)를 위하여 기도합니다. ○○(이)가 자신의 허물과 잘못을 인정할 줄 아는 삶을 살아 갈 수 있게 하옵소서.
세상에 허물과 잘못이 없어서 아름답고 훌륭한 사람이

과연 얼마나 되겠습니까? 허물과 잘못이 없는 것도 아름답겠지만 허물과 잘못을 인정하고 그것을 아파하며 고치려는 모습 또한 아름다운 것임을 깨닫습니다.

자기의 잘못을 시인할 줄 안다는 것, 부끄러워할 줄 안다는 것, 후회하며 돌이킬 줄 안다는 것, 이런 인생을 사는 것 또한 복 있는 인생을 사는 것임을 깨닫습니다.

그러므로 사랑하는 ○○(이)가 자신에게 주어진 인생을 살면서 허물과 잘못이 드러날 때, 그것을 가리거나, 감추거나, 변명하려는 모습을 보이지 말게 하시고, 솔직히 인정하고 부끄러워하며 돌이킬 줄 아는 사람이 되게 하옵소서.

그와 같은 마음 자세가 하나님께서 보시기에도 금보다도 귀한 마음이며, 사람에게도 무한한 신뢰를 줄 수 있는 것임을 잊지 않게 하옵소서.

사랑하는 ○○(이가) 언제나 자신의 허물과 잘못을 인정할 줄 아는 삶을 살게 하옵소서.

예수 그리스도의 이름으로 기도합니다. 아멘

기도체크

다투지 않기 원해요

말씀을 의지함(Relying on the Word)　　　　잠언 20:3

다툼을 멀리하는 것이 사람에게 영광이거늘 미련한 자마다 다툼을 일으키느니라

사랑의 주님!
세상을 보면 절망이지만, 저희를 구원해주신 주님을 바라보면 언제나 소망이 되게 하심을 감사드립니다.
주님의 은혜와 사랑 없이는 살 수 없는 인생임을 고백합니다. 주님만을 의지하오니 복 있는 길로 인도하옵소서.
주님!
오늘도 사랑하는 ○○(이)를 위하여 기도합니다. 부모가 자식에게 해줄 수 있는 것 중에 기도가 가장 중요하기에 두 손을 모았습니다. ○○(이)를 기억해주고 축복해 주옵소서. ○○(이)가 학교생활을 하면서 친구들과 다투지 않기를 원합니다.

어릴 때는 싸우면서 큰다고 하지만, 무조건 감정적으로 대응하지 않도록 마음을 다스릴 수 있는 지혜를 ○○(이)에게 주옵소서.

화가 날 때 다투거나 싸우는 것은 결코 바른 방법이 아님을 깨닫게 하시고, 참고 인내할 줄 아는 것도 상대를 제압할 수 있는 힘이 됨을 알게 하옵소서.

옳고 그름을 따지기 전에 상대를 유순한 말로 달래거나 양보하는 것도 싸우는 것보다 더 큰 능력이 됨을 기억할 수 있게 하시고, 이기는 것보다 오히려 져주는 것이 더 값지고 소중한 것임을 기억하게 하옵소서.

주님!

사랑하는 ○○(이)가 판단력 있는 아이가 되기를 원합니다. 잘못된 행실, 잘못된 습성에 길들여지지 않기를 원합니다. 폭력적이고 거친 성격이 만들어지지 않기를 원합니다. 모난 인격으로 성장하지 않기를 원합니다. 주님을 섬기는 자녀답게 사랑하기를 힘쓰고, 괴롭히는 사람을 위하여 기도할 수 있는 ○○(이)가 되게 하옵소서.

예수 그리스도의 이름으로 기도합니다. 아멘

기도체크

나쁜 꾐에 빠지지 않기 원해요

말씀을 의지함(Relying on the Word)　　　에베소서 4:24

하나님을 따라 의와 진리의 거룩함으로 지으심을 받은 새사람을 입으라

사랑의 주님!
부끄러운 신앙의 발걸음일지라도 손잡아 주시는 주님이 계시기에 주님을 의지합니다. 항상 감사하는 마음으로 주님을 더욱 가까이 하는 삶이 되게 하옵소서.
주님!
자식을 위한 기도는 반드시 해야만 하는 기도이기에 우리 ○○(이)를 축복하며 기도합니다. ○○(이)가 나쁜 꾐에 빠지는 일이 발생하지 않도록 지켜주옵소서.
혼란스럽고 혼탁한 세상에서 옳고 그릇됨을 잘 분별할 수 있는 지혜가 있게 하시고, 달콤한 유혹에는 눈길조차 주지 않는 곧은 마음이 있게 하옵소서.
온갖 미혹 앞에서도 이성을 잃지 않게 하시며, 끈질긴

회유와 설득에도 요동치 않는 굳은 의지가 있게 하옵소서.

공갈과 협박 앞에서도 결코 흔들림이 없게 하시며, 날마다 괴롭힘을 당한다 할지라도 억지로 발을 담그는 일이 없게 하옵소서.

위협 앞에서도 약해지는 마음이 없게 하시며, 폭력 앞에서도 절대로 굽히지 않는 용기가 있게 하옵소서.

혹 주변에 유혹당하는 친구가 있으면 모른 척 지나치지 말게 하시며, 잘 설득하여 옳은 데로 인도할 수 있는 진실함을 보여줄 수 있게 하옵소서.

위험에 처한 친구를 보면 건져낼 수 있는 담대함이 있게 하시며, 어려운 친구를 보면 힘을 다하여 도와줄 수 있는 사랑이 있게 하옵소서.

또한, 사랑하는 ○○(이)가 만나고 사귀는 친구마다 제일 좋은 친구이신 예수님을 소개할 수 있게 하시고, 구원의 주님께로 인도할 수 있는 사랑의 징검다리가 되게 하옵소서.

예수 그리스도의 이름으로 기도합니다. 아멘

기도체크

부모를 공경할 수 있기 원해요

말씀을 의지함(Relying on the Word)   출애굽기 | 20:12

네 부모를 공경하라 그리하면 네 하나님 여호와가 네게 준 땅에서 네 생명이 길리라

사랑의 주님!
지금도 변함없이 저희를 붙들고 계시는 주님의 사랑을 경험합니다. 항상 주님을 사랑하며 주님과 한몸을 이루는 삶이 되게 하옵소서.
주님!
제 입술의 고백이 형식적이지 않기를 원합니다. 항상 진실이 묻어있는 마음의 고백이 주님께 드려지게 하옵소서.
주님이 저희 가정에 기업으로 주신 아이를 위하여 기도합니다. ○○(이)가 부모를 공경할 줄 아는 자녀로 성장하게 하옵소서.
육신의 부모를 공경하지 못하면서 하나님을 공경한다는 것은 있을 수 없는 일임을 깨닫습니다.

부모가 늙어서 생각이 흐려지고 기력이 쇠하여진다 할지라도, 변함없이 부모를 공경하는 아이가 되게 하옵소서.

주님께서 말씀하신 대로 부모를 잘 공경함으로 이 땅에서 장수의 복을 받아 누릴 수 있는 아이가 되게 하옵소서.

주님!

사랑하는 ○○(이)가 부모의 영적 권위도 인정할 줄 아는 아이가 되게 하옵소서.

어릴 때는 무엇보다도 순종하고 존경하는 법을 배우게 하시고, 청년의 때에는 부모의 부족함을 용납하고 감사하는 마음의 자세를 갖게 하옵소서.

그리고 장년이 되어서는 부모의 영혼을 귀히 여기고, 영혼이 잘되도록 돌보아 드릴 수 있는 자녀가 되게 하옵소서.

주님!

사랑하는 ○○(이)가 살아있는 부모를 잘 공경함으로 이 땅에서 장수하는 복을 누리며 하나님의 마음에 꼭 드는 기쁨의 자녀가 되게 하옵소서.

예수 그리스도의 이름으로 기도합니다. 아멘

기도체크

보다 나은 삶이되기 원해요

말씀을 의지함(Relying on the Word)　　　　시편 143:8

아침에 나로 하여금 주의 인자한 말을 듣게 하소서 내가 주를 의뢰함이니이다 내가 다닐 길을 알게 하소서 내가 내 영혼을 주께 드림이니이다

사랑의 주님!
마음의 소원, 기도의 제목을 주님께 아뢸 수 있는 은혜를 주시니 감사합니다. 항상 제 마음을 주님께 두고 주님을 힘써 찾을 수 있는 삶이 되게 하옵소서.
주님!
사랑하는 ○○(이)를 축복합니다. ○○(이)를 보다 나은 삶으로 인도하옵소서.
하루가 다르게 급속도로 변해가고 있는 세상은 참으로 무섭다는 느낌마저 갖게 하고 있습니다.
면학 분위기가 좋고 훌륭한 교육을 받고 있다고 해서, 또는 물질적인 뒷받침이 잘되고 있다 해서 아이의 미래가 보장되는 것이 아님을 깨닫습니다.

주님!

당신께 모든 것을 맡깁니다. 아이의 현재와 미래를 붙들어 주옵소서. 아이의 현재와 미래가 주님의 뜻에 달려 있음을 깨닫습니다. 사랑의 주께서, 능력의 주께서 아이의 삶을 안전한 삶으로 인도하여 주옵소서.

아이가, 부모의 손길 외에 또 다른 손길이 자신을 붙들고 있음을 느끼며 사는 삶이 되게 하옵소서.

아이의 인생을 주관하시고 책임지실 분은 주님밖에 없음을 아이로 하여금 경험하게 하여 주옵소서.

그리하여 언제나 인생에 대한 모든 것을 주님께 의뢰하고 의탁하는 아이의 삶이 되게 하여 주옵소서. 주님만을 더욱 사랑하게 하시고, 사모할 수 있는 아이가 되게 하옵소서.

사랑하는 ○○(이)를 보다 나은 삶으로 이끄셔서 주님만이 삶의 주인이심을 시인할 수 있게 하옵소서.

예수 그리스도의 이름으로 기도합니다. 아멘

기도체크

행복해지는 눈물이 있기 원해요

말씀을 의지함(Relying on the Word) 시편 126:5,6

눈물을 흘리며 씨를 뿌리는 자는 기쁨으로 거두리로다 울며 씨를 뿌리러 나가는 자는 정녕 기쁨으로 그 단을 가지고 돌아오리로다

사랑의 주님!
저보다 저를 더 잘 아시고 불꽃같은 눈동자로 살피고 계시기에 겸손히 주님을 의뢰합니다.
저를 통하여 주님이 받으시는 기도가 있기에 상한 마음을 주님께 내려놓습니다. 가난한 영혼을 안위하여 주시고, 주님 품안에서 영원히 머물게 하옵소서.
주님!
간절한 부모의 마음을 담아 ○○(이)를 축복하며 기도합니다. ○○(이)의 인생에 눈물 흘리고 싶을 때를 기억해주옵소서.
나태한 자들이 흘리는 고통의 눈물을 흘리지 않게 하시고, 오래하면 병들게 되는 자기연민의 눈물도 흘리지 않게 하옵소서.

주님이 주신 삶을 살면서 남의 마음을 힘들게 하는 원망의 눈물도 흘리지 않게 하시고, 남의 마음을 서늘하게 하는 오기의 눈물도 흘리지 않게 하옵소서.

사탄이 춤을 추는 낙심의 눈물도 흘리지 않게 하시고, 마귀들이 자주 흉내 내는 가식과 연극의 눈물도 흘리지 않게 하옵소서.

주님!

사랑하는 ○○(이)가 주님의 마음을 녹일 수 있는 진정한 회개의 눈물만 흘릴 수 있게 하시고, 불같은 믿음을 낳는 결심의 눈물만 흘릴 수 있게 하옵소서.

또한, 흘리면 흘릴수록 마음이 넓어지는 감사의 눈물이 있게 하시고, 드리면 드릴수록 행복해지는 타인을 위한 간구의 눈물을 흘릴 수 있게 하옵소서.

그리고 인간의 죄악 해결을 위하여 온 몸으로 우신 주님의 희생의 눈물을 본받는 삶이 되게 하옵소서.

예수 그리스도의 이름으로 기도합니다. 아멘

기도체크

성령의 사람이 되기 원해요

말씀을 의지함(Relying on the Word)　　　　요한복음 16:13

그러나 진리의 성령이 오시면 그가 너희를 모든 진리 가운데로 인도하시리니 그가 스스로 말하지 않고 오직 들은 것을 말하며 장래 일을 너희에게 알리시리라

사랑의 주님!
"너희는 성령을 따라 행하라"(갈5:16)는 주님의 말씀을 기억합니다.
이 땅에서 주님의 자녀로 살면서 항상 성령의 충만함을 간구할 수 있게 하시고, 성령을 좇아 행하는 삶이 되게 하옵소서.
주님!
주님이 택하신 자녀 ○○(이)도 이 땅을 살아가는 동안 성령의 사람으로 살아가게 하옵소서.
죄에 오염되기 쉽고 넘어지기 쉬운 ○○(이)의 심령을 주의 성령께서 강하게 붙들어 주시기를 원합니다.

○○(이) 속에 죄가 왕 노릇 하지 못하도록 육체의 소욕을 성령의 불로 지져주시고, 죄짓는 자리에 가지 않도록 성령의 화염검으로 막아주옵소서.

성령의 인도하심 속에서 주님의 거룩하신 뜻을 이루어 갈 수 있는 사람이 되게 하여 주시며, 성령께서 감동을 주시는 대로 주님을 위하여 힘써서 일할 수 있는 사람이 되게 하여 주옵소서.

○○(이)의 생각과 마음도 성령께서 철저히 간섭하여 주셔서 계획하는 모든 일들이 주님이 기뻐하시고 축복하시는 일들이 되게 하여 주옵소서.

남을 위하여도 더욱 사랑하고 동일한 성령을 부어 달라고 기도할 수 있는 사람이 되게 하옵소서.

이 땅에서 살아가는 동안 성령의 열매를 풍성히 맺는 삶이 되게 하시고, 성령님을 근심케 하는 일이 없게 하옵소서.

사랑하는 ○○(이)에게 날마다 성령을 기름 붓듯 부어주셔서 항상 성령님의 지배를 받는 복된 삶이 되게 하실 것을 믿습니다.

예수 그리스도의 이름으로 기도합니다. 아멘

기도체크

겸손한 기도무릎이 있기 원해요

말씀을 의지함(Relying on the Word) 시편 147:6

여호와께서 겸손한 자들은 붙드시고 악인들은 땅에 엎드러뜨리시는도다

사랑의 주님!
항상 기도 무릎이 있는 삶을 살게 하시니 감사드립니다. 주님의 자녀로 이 땅을 살아가는 동안 항상 기도무릎이 있는 삶이 되게 하옵소서.
주님!
사랑하는 ○○(이)를 위하여 축복하며 기도합니다. ○○(이)가 언제나 기도 무릎을 보일 수 있는 복 있는 사람이 되게 하옵소서.
가진 학식의 풍부함에 자만하지 않으며, 주님 앞에 겸손히 기도 무릎을 보일 수 있는 복 있는 사람이 되게 하옵소서.
하는 것이 잘된다고 교만하지 않으며, 주님 앞에 겸손히 기도 무릎을 보일 수 있는 복 있는 사람이 되게 하옵소서.
찾아온 인생의 위기 앞에서도 불안해하지 않으며, 주님 앞에 겸손히 기도 무릎을 보일 수 있는 복 있는 사람이 되게 하옵소서.
뜻을 품고 꿈꾸던 것이 좌절 되었을지라도 비관하지 않으며, 주님 앞에 겸손히 기도 무릎을 보일 수 있는 복 있는 사람이 되게 하옵소서.
주어진 열악한 환경 앞에서도 불평하지 않으며, 주님 앞에 겸손히 기도 무릎을 보일 수 있는 복 있는 사람이 되게 하옵소서.
배신과 슬픔 앞에서도 원망하지 않으며, 주님 앞에 겸손히 기도 무릎을 보일 수 있는 복 있는 사람이 되게 하옵소서.
뜻하지 않은 불행 앞에서도 절망하지 않으며, 주님 앞에 겸손히 기도 무릎을 보일 수 있는 복 있는 사람이 되게 하옵소서.
주님!
사랑하는 ○○(이)가 언제나 주님을 의뢰하며 주님 앞에 겸손히 엎드릴 줄 아는 기도의 사람이 되게 하옵소서.
예수 그리스도의 이름으로 기도합니다. 아멘

기도체크

주님을 잘 섬길 수 있기 원해요

말씀을 의지함(Relying on the Word) 에베소서 6:24

우리 주 예수 그리스도를 변함없이 사랑하는 모든 자에게 은혜가 있을지어다

사랑의 주님!
언제나 사랑과 은혜로 인도해주심을 감사드립니다.
이 땅을 살아가는 동안 더욱 귀한 주님을 온몸으로 느끼며 몸과 마음을 드려 주님을 더 잘 섬기는 삶이 되게 하옵소서.
주님!
사랑하는 ○○(이)를 축복하며 기도합니다. ○○(이)도 언제나 주님을 잘 섬길 수 있는 믿음의 자녀가 되게 하옵소서.
인생에 뜻하지 않은 어려움이 닥쳐와도 주님을 섬기는 마음은 변함없게 하시고, 흔들림 없이 주님을 잘 섬길 수 있는 믿음의 자녀가 되게 하옵소서.

어려우면 어려울수록, 힘들면 힘들수록 주님을 향한 더 크고 확실한 믿음을 보여줄 수 있는 주님의 자녀가 되게 하옵소서.

혹, 자신이 하고 있는 일 때문에 시간적인 여유가 없을지라도 주님을 섬기는 자리만큼은 남에게 양보하는 일이 없게 하시고, 주님을 섬기는 삶이 인생 최고의 목적임을 잊지 않는 주님의 자녀가 되게 하옵소서.

주어진 환경이 어떠하든지 그것을 초월하여 항상 주님의 기쁨이 될 수 있게 하시고, 사랑의 주님을 더욱 사랑하며, 주님과 동행하기를 즐거워하는 주님의 자녀가 되게 하옵소서.

주님!

사랑하는 ○○(이)가 주님을 잘 섬김으로 주님의 보살피심과 인도하심을 받을 수 있는 믿음의 자녀가 되게 하옵소서.

주님을 더 잘 섬기기를 원하는 자의 앞길을 우리 주님이 붙드시고, 그 길을 형통케 하시며, 반석 위에 든든히 세워주실 것을 믿습니다.

예수 그리스도의 이름으로 기도합니다. 아멘

기도체크

주님을 위한 열심이 있기 원해요

말씀을 의지함(Relying on the Word) 로마서 12:11

부지런하여 게으르지 말고 열심을 품고 주를 섬기라

사랑의 주님!
주님만이 저희가 구원을 받을 수 있는 유일한 길이요, 진리요 생명임을 믿습니다.
하나님이 천하 인간에 구원을 얻을만한 다른 이름을 우리에게 주신 일이 없음을 기억하여 항상 주님만이 구세주임을 확신하며 열심을 품고 섬길 수 있게 하옵소서.
주님!
사랑하는 ○○(이)를 축복합니다. ○○(이)가 언제나 열심을 다하는 신앙생활을 하게 하옵소서.
항상 자신의 일에는 관대하고 주님의 일에는 옹색한 변명만 늘어놓는 사람이 되지 않게 하옵소서.
봉사와 섬김의 자리를 고의적으로 피하기 위하여 일부

러 바쁜척하는 위선의 행동이 없게 하시고, 주님의 일을 은근히 가볍게 여기거나 무시하는 악한 사람이 되지 않게 하옵소서.

항상 말만 앞세우고 행동은 뒷전인 얄미운 모습이 없게 하시고, 눈치만 살피고 물질과 자신을 깨뜨릴 줄 모르는 옹색한 사람이 되지 않게 하옵소서.

조금은 미련하게, 조금은 바보처럼 보인다 할지라도 주님을 위한 충성의 자리에는 항상 선두에 설 줄 아는 열심이 있게 하시고, 주님을 위한 충성을 인생 최고의 기쁨으로 여길 줄 아는 넉넉함이 있게 하옵소서.

주님!

사랑하는 ○○(이)에게 누구나 따라하고 싶고, 누구나 함께하고 싶은 시원함이 있게 하여 주시고, 무엇보다도 주님의 마음을 시원케 해드리는 복되고 아름다운 일꾼이 되게 하옵소서.

예수 그리스도의 이름으로 기도합니다. 아멘

기도체크

참된 믿음이 되기 원해요

말씀을 의지함(Relying on the Word)   누가복음 7:9

예수께서 들으시고 그를 놀랍게 여겨 돌이키사 따르는 무리에게 이르시되 내가 너희에게 이르노니 이스라엘 중에서도 이만한 믿음은 만나보지 못하였노라 하시더라

사랑의 주님!
믿음의 주요 온전하게 하시는 이인 주님만을 바라보며 살게 하시니 감사드립니다. 이 땅을 살아가는 동안 온전한 믿음으로 주님께 기쁨이 되는 복 있는 삶이 되게 하옵소서.
주님!
우리 ○○(이)를 축복합니다. ○○(이)도 주님 보시기에 거짓이 없는 참된 믿음의 사람이 되게 하옵소서.
주님만이 나의 주인이라 고백하면서도 주님을 따르는 데는 주저하는 믿음, 주님만이 나의 빛이라 고백하면서도 주님을 우러르는 데는 인색한 믿음이 되지 않게 하옵소서.

주님만이 나의 삶이라 고백하면서도 범사에 주님을 의지하지는 않는 믿음, 주님만이 나의 길이라 고백하면서도 그 길을 걷는 데는 앉은뱅이처럼 주저앉아 있는 믿음이 되지 않게 하옵소서.

주님만이 나의 슬기라 고백하면서도 주님의 도를 배우는 데는 게으른 믿음, 주님만이 진실하다 고백하면서도 주님의 사랑을 실천하려는 욕구는 아예 없는 믿음이 되지 않게 하옵소서.

주님만이 영원자이심을 고백하면서도 주님을 힘써서 찾는 목마름이 없는 믿음, 주님만이 어지신 분이라 고백하면서도 주님을 가까이하는 데는 핑계만 무성한 믿음이 되지 않게 하옵소서.

주님만이 존귀하시다 고백하면서도 주님을 온전히 섬기지 않는 믿음, 주님만이 날 강하게 하신다 고백하면서도 주님을 의지하지 않는 믿음이 되지 않게 하옵소서.

사랑하는 ○○(이)가 언제나 주님께 자신을 온전히 드릴 수 있는 참된 믿음을 갖게 하옵소서.

예수 그리스도의 이름으로 기도합니다. 아멘

기도체크

신앙의 심지가 견고하기 원해요

말씀을 의지함(Relying on the Word) 고린도전서 15:58

그러므로 내 사랑하는 형제들아 견실하며 흔들리지 말고 항상 주의 일에 더욱 힘쓰는 자들이 되라 이는 너희 수고가 주 안에서 헛되지 않은 줄 앎이라

사랑의 주님!
있는 것이라고는 죄밖에 없는 이 죄인을 어둠에 버려두지 아니하시고 빛으로 인도하심을 감사드립니다. 언제나 주님의 강하신 빛을 비추셔서 빛이신 주님을 따라갈 수 있는 삶이 되게 하옵소서.
주님!
우리 ○○(이)를 축복합니다. ○○(이)가 신앙의 심지가 견고한 사람이 되게 하옵소서.
하나님이 싫어하시는 죄를 멀리할 수 있게 하시고, 부지중에라도 죄를 지으면 즉시 주님 앞에 회개하며 용서를 구하는 사람이 되게 하옵소서.
복의 근원이신 하나님께 항상 복을 구할 수 있게 하시

고, 받은 복을 함께 나눌 수 있는 사람이 되게 하옵소서.
늘 자신의 뜻보다 주님의 뜻 행하기를 즐거워할 수 있게 하시고, 자신을 자랑하기보다 주님을 자랑할 수 있는 사람이 되게 하옵소서.

생활 속에서 언제나 도우시는 구원의 하나님을 만나며, 언제나 함께하시는 능력의 하나님을 경험하는 사람이 되게 하옵소서.

변함없이 성전에 거하기를 기뻐하게 하시고, 주님을 인하여 언제나 기뻐하며 즐거워할 수 있는 사람이 되게 하옵소서.

주님께 하듯 이웃을 섬기는 모습이 있게 하시고, 자신을 귀히 여기듯 남도 귀하게 여길 줄 아는 사람이 되게 하옵소서.

자신의 약함을 보며 늘 성령 충만을 사모하게 하시고, 성령의 아홉 가지 열매를 맺을 수 있는 사람이 되게 하옵소서.

사랑하는 ○○(이)가 흔들림이 없는, 신앙의 심지가 견고한 사람이 되기를 소망합니다.
예수 그리스도의 이름으로 기도합니다. 아멘

기도체크

일할 수 있을 때 일하기 원해요

말씀을 의지함(Relying on the Word) 시편 121:1,2

내가 산을 향하여 눈을 들리라 나의 도움이 어디서 올까 나의 도움은 천지를 지으신 여호와에게서로다

사랑의 주님!
주께서 부르신 자들을 언제나 평강에 평강으로 인도하시는 주님이심을 믿습니다. 항상 주님의 은총에 감사하며 영광 돌릴 수 있는 삶이 되게 하옵소서.
주님!
아이의 취업을 위하여 기도합니다. 이 나라의 청년실업률이 이 사회에 큰 아픔으로 자리 잡고 있습니다. 세대가 바뀌고 정권이 바뀌어도 좀처럼 나아질 희망이 보이지 않고 있습니다.
이 나라의 젊은이들이 청년의 때에 품고 있는 소중한 꿈들을 제대로 펼쳐볼 기회조차 얻지 못하고 있으니 부모 된 세대들이 보기에도 너무나 가련하고 안타깝기만 합니다.

자신들의 불안한 미래를 어떻게 헤쳐 나가야 할지를 몰라 생을 포기하는 젊은이들도 있습니다. 살기 싫어서 생을 포기하는 것이 아니라, 어떻게 살아야할지 길이 보이지 않아 선택한 죽음일 겁니다.

주님!

우리 아이와 이 나라의 젊은이들을 불쌍히 여기시옵소서. 우리 아이와 이 나라의 청년들에게 소망을 주옵소서. 때에 맞는 꿈을 마음껏 펼치며 살 수 있는 길을 열어주옵소서.

나라의 경제도 회복되게 하시고 기업의 취업의 문도 넓어지게 하옵소서. 모든 청년들이 일할 수 있을 때에 일할 수 있는 즐거움을 맛볼 수 있도록 크신 은총을 내려주옵소서.

정부와 기업들도 이 나라의 청년실업의 문제를 놓고 계속 고민하면서 근본적인 해결방안을 모색해 나갈 수 있게 하옵소서.

우리 주님은 역사의 주관자이시오니 신음하고 있는 젊은이들에게 구원을 베풀어주실 것을 믿습니다.

예수 그리스도의 이름으로 기도합니다. 아멘

기도체크

하늘의 유산을 아들에게

내게 땅이 있다면
거기에 나팔꽃을 심으리.
때가 오면
아침부터 저녁까지 보랏빛 나팔소리가
내 귀를 즐겁게 하리.
하늘 속으로 덩굴이 애쓰며 손을 내미는 것도
날마다 눈물 젖은 눈으로 바라보리.
내게 땅이 있다면
내 아들에게는 한 평도 물려주지 않으리.
다만 나팔꽃이 피었다 진자리에
동그랗게 맺힌 꽃씨를 모아
아직 터지지 않은 세계를 주리.

- 안도현의 「땅」 全文 -

PART.3

자녀의 치유와 회복을 위한
엄마의 무릎기도문

학습능력이 뒤떨어져요

말씀을 의지함(Relying on the Word)　　　시편 78:72

이에 그가 그들을 자기 마음의 완전함으로 기르고 그의 손의 능숙함으로 그들을 지도하였도다

사랑의 주님!
사랑하는 ○○(이)를 축복하며 간절한 마음을 담아 주님께 아룁니다.
학습능력이 뒤떨어진 ○○(이)를 긍휼히 여기시고 불쌍히 여기시옵소서.
학원을 보내도 학습 진도를 따라가지 못합니다.
특별과외를 시켜도 성적이 제자리를 맴돌고 있습니다.
공부가 아이의 전부는 아니지만, 아이가 너무 뒤처지는 것 같아 아이의 미래가 걱정스럽습니다.
아이 자신도 학습 능률이 오르지 않으니 점점 자신감을 잃어가고 상실감이 큰 것 같아요.
주님!

다그친다고 되는 것도 아니고, 혼을 낸다고 나아지는 것도 아니니 어떻게 해야 하지요?
다른 모든 것은 참으로 괜찮은 아이입니다.
이해심도 많고, 참을성도 강한 아이입니다.
친구도 많고, 어울리기도 잘하는 아이입니다.
거짓말 할 줄도 모르고, 속이지도 않습니다. 교회도 얼마나 잘 다니는지 모릅니다.
주님!
주님을 의뢰하는 ○○(이)를 도와주세요.
아이에게 깨우칠 수 있는 지혜를 부어 주시고 배워서 터득할 수 있는 명철을 주옵소서.
크게 향상되는 것은 없어도 노력하면 나아질 수 있다는 자신감을 갖도록 도와주세요.
주님이 쓰시기에 합당한 아이로 성장할 수 있도록 다듬어 주세요.
주님의 도우심을 간절히 바라보며 의지합니다.
예수 그리스도의 이름으로 기도합니다. 아멘

기도체크

스마트폰을 너무 좋아해요

말씀을 의지함(Relying on the Word)　　　　시편 86:11

여호와여 주의 도를 내게 가르치소서 내가 주의 진리에 행하오리니 일심으로 주의 이름을 경외하게 하소서

사랑의 주님!
사랑하는 ○○(이)를 축복하며 간절한 마음을 담아 주님께 아룁니다.
○○(이)가 스마트폰을 지나칠 정도로 좋아하는데 어떡하죠?
○○(이)가 유일하게 몰입하고 있는 것이 있다면 그것은 스마트폰인 것 같아요.
시도 때도 없이 스마트폰만 들여다 보고 있는 아이를 보면 너무나 속이 상하고 걱정이 됩니다.
잔소리하고 있지만 부모가 자꾸 간섭한다고 해서 아이가 크게 달라지지는 않을 것 같습니다.
주님!

능력의 주님이 아이의 생각과 마음을 고쳐주세요. 스마트폰에 지나치게 몰입하지 않도록 도와주옵소서.
스마트폰이 중심이 아니라 주님이 중심이 되는 아이가 될 수 있도록 이끌어 주옵소서.
공부를 귀중히 여기고, 예배를 귀하게 여기며, 교회생활에 즐거움을 느낄 수 있는 아이가 되게 하여 주옵소서.
주님!
스마트폰이 어찌할 수 없는 시대적 흐름이라지만 문명의 이기에 아이의 인격과 영혼을 방임할 수는 없잖아요.
아이의 인격과 영혼이 한낱 기계에 의해 조종되거나 파괴되는 일이 있어서는 안 되잖아요.
주님!
○○(이)의 영혼이 사단의 올무에 걸려 넘어지지 않도록 보호하시고 지켜주세요.
주님만을 사랑하며, 학생의 본분을 다 할 수 있는 아이가 되도록 능력의 오른손으로 붙들어 주세요. 주님의 도우심을 바라봅니다.
예수 그리스도의 이름으로 기도합니다. 아멘

기도체크

낭비벽이 심해요

말씀을 의지함(Relying on the Word)　　　　　잠언 17:25

미련한 아들은 그 아비의 근심이 되고 그 어미의 고통이 되느니라

사랑의 주님!
사랑하는 ○○(이)를 축복하며 간절한 마음을 담아 주님께 아룁니다.
○○(이)가 낭비벽이 너무 심합니다.
처음에는 아이가 돈을 주고 무얼 살 줄 안다는 것이 너무 신기해서 돈을 자주 손에 쥐어주곤 했는데, 그것이 이제는 아이에게 나쁜 버릇이 되어버린 것 같습니다.
하루도 돈을 쥐어주지 않으면 학교 갈 생각을 하지 않고, 투정을 부리거나 떼를 쓰는 것이 예사입니다.
타일러도 안되고, 혼을 내도 안되고 야단을 쳐도 안됩니다.
주님!

이러다 ○○(이)가 자라면서 돈을 가볍게 여기는 잘못된 가치관이 뿌리박히게 되는 것은 아닌지 걱정이 앞섭니다. 낭비벽이 심해져서 비뚤어져 나가게 되는 것은 아닌지 걱정이 앞섭니다.

주님!

○○(이)가 더 이상 나쁜 습관에 길들여지지 않도록 아이의 생각과 마음을 주장하여 주옵소서.

돈을 함부로 사용하지 않으며, 써야 하는 욕구와 무엇을 사야 하는 욕구, 먹어야 하는 욕구를 스스로 자제할 수 있는 마음을 가질 수 있도록 도와주옵소서.

주님!

욕구를 절제할 줄 아는 지혜와 분별이 있게 하시고, 돈을 아껴 쓰고, 저축할 줄 아는 좋은 습관이 생길 수 있게 하옵소서.

어릴 때부터, 남을 도울 수 있는 일에 관심을 갖고 성의를 표할 줄 아는 아이로 다듬어지게 하옵소서.

주님만을 간절히 의지합니다.

예수님의 이름으로 기도합니다. 아멘

기도체크

비만이 심해요

말씀을 의지함(Relying on the Word)　　　　　잠언 23:21

술 취하고 음식을 탐하는 자는 가난하여질 것이요 잠 자기를 즐겨하는 자는 해어진 옷을 입을 것임이니라

사랑의 주님!
사랑하는 ○○(이)를 축복하며 간절한 마음을 담아 주님께 아룁니다.
○○(이)의 건강에 적신호가 켜졌습니다.
살을 빼지 않으면 소아당뇨도 생길 수 있다는 의사의 진단을 받았습니다.
어릴 때 살찐 것은 키로 간다는 옛말만 믿고 뭐든지 잘 먹는 아이가 대견해 보였는데, 그게 아님을 이제야 깨달았습니다.
주님!
○○(이)의 건강을 살피고 관리해야 할 부모가 너무나 무지했음을 솔직히 고백합니다.
너무나 안일하고 태만했음을 솔직히 고백합니다.
아이에게 부모의 책임을 다하지 못한 이 죄인을 용서하

여 주옵소서.

육체가 건강해야 정신도 건강하게 됨을 깨닫습니다. 정신이 건강해야 영혼을 위한 신앙생활도 건강해짐을 깨닫습니다.

주님!

그동안 인스턴트와 기호식품에 길들여진 아이의 입맛을 어떻게 바꿀 수 있을지 걱정이 앞섭니다.

이제 ○○(이)의 건강에 도움이 되는 식단을 준비해서 먹여야 하는데 아이가 어떻게 받아들일지 벌써부터 부담감이 밀려오네요.

주님!

우선 아이의 입맛을 돌릴 수 있도록 제게 지혜를 주옵소서. 아이도 새로운 식단에 잘 적응하며 운동도 게을리 하지 않도록 그 생각과 마음을 주장하여 주옵소서.

주님!

아이가 우둔한 모습이 아닌 튼튼한 모습으로, 미련한 모습이 아닌 총명한 모습으로 주님께 사랑 받기를 원합니다. 도와주세요.

예수 그리스도의 이름으로 기도합니다. 아멘

기도체크

투정이 심해요

말씀을 의지함(Relying on the Word)   잠언 21:23

입과 혀를 지키는 자는 자기의 영혼을 환난에서 보전하느니라

사랑의 주님!
사랑하는 ○○(이)를 축복하며 간절한 마음을 담아 주님께 아룁니다.
○○(이)가 투정이 심합니다.
사사건건 투정을 부립니다.
이러다 커서도 불평불만만 쏟아내는 아이가 되지 않을까 걱정이 앞섭니다.
대인관계도 제대로 이뤄질 수 있을지 걱정이 앞섭니다.
사회생활은 제대로 적응이나 할 수 있을지 모르겠습니다.
주님!
○○(이)의 생각 속에 박혀 있는 투정의 뿌리를 도려내 주옵소서.

○○(이)의 마음을 지배하고 있는 불만의 쓴 뿌리들을 끄집어내어 성령의 불로 소멸시켜주옵소서.
투정부리는 입술도 성령의 불로 지져 주셔서 긍정의 언어, 복 있는 언어, 칭찬의 언어가 되게 하여 주옵소서.
○○(이)의 눈에 보이는 모든 것들이 좋게 보여지게 하시고, 못마땅한 이유를 찾는 것에 눈멀게 하여 주옵소서.
그 영혼에 사랑만이 넘실대게 하시고, 옹졸한 마음이 너른 마음으로 변화되게 하옵소서.
주님!
○○(이)의 마음에 사랑을 주옵소서.
평화를 주옵소서.
품고 용납하며 이해할 줄 아는 온유를 주옵소서.
주님의 응답을 간절히 소망합니다.
예수 그리스도의 이름으로 기도합니다. 아멘

기도체크

거짓말을 잘해요

말씀을 의지함(Relying on the Word)　　　잠언 6:16~19

여호와의 미워시는 것 곧 그 마음에 싫어하시는 것이 예닐곱 가지이니 곧 교만한 눈과 거짓된 혀와 무죄한 자의 피를 흘리는 손과, 악한 계교를 꾀하는 마음과 빨리 악으로 달려가는 발과 거짓을 말하는 망령된 증인과 및 형제사이를 이간하는 자이니라

사랑의 주님!
사랑하는 ○○(이)를 축복하며 간절한 마음을 담아 주님께 아룁니다.
○○(이)가 거짓말을 합니다.
처음에는 크는 과정이겠거니 생각하며 대수롭지 않게 생각했는데, 갈수록 횟수가 늘어나고 있습니다.
거짓말하는 것이 훤히 보이는 데도 아주 능청스럽게, 전혀 긴장하지도 않으며 사실처럼 꾸며대는 것을 볼 때, 참으로 기막힐 때가 있습니다.
혼내면 끝까지 우기며 덤비는 버릇까지 생겼습니다.

때로는 눈물을 흘리며 동정을 사려고 하기도 합니다.
주님!
○○(이)의 거짓말이 습관이 되고 아이의 생각과 마음에 인박혀 간다면 얼마나 끔찍한 일입니까?
성장하면서 친구를 속이는 자가 될 것이요, 이웃을 속이는 자가 될 것이요, 하나님을 속이는 자가 될 것입니다.
하나님의 마음을 아프게 하고 주변 사람들의 마음을 아프게 하며 부모를 힘들게 하는 자가 될 것입니다.
주여!
○○(이)를 불쌍히 여기셔서 정직한 영으로 세워주옵소서. 그 생각을 지켜 주시고, 그 입술에 거짓을 담지 않게 하옵소서.
거짓으로 길들여지지 않게 하시고, 정직으로 다듬어지는 아이가 되게 하옵소서.
정직함으로 하나님을 높이고 부모를 즐겁게 하며, 이웃을 부요케 할 수 있는 아이가 되게 하옵소서.
예수 그리스도의 이름으로 기도합니다. 아멘

기도체크

월/일								

정서적으로 불안정해요

말씀을 의지함(Relying on the Word)　　　　잠언 4:23

모든 지킬 만한 것보다 더욱 네 마음을 지키라 생명의 근원이 이에서 남이니라

사랑의 주님!
사랑하는 ○○(이)를 축복하며 간절한 마음을 담아 주님께 아룁니다.
○○(이)가 너무 부산하고 산만해 보입니다. 어디서나 가만히 앉아 있지를 못하고, 저지르기 일쑤입니다.
책을 봐도 집중력이 없고, 놀이를 해도 거칠기만 합니다.
무엇을 배워도 오래가지 못하고, 또래들과도 좋은 사귐이 이루어지지 않고 있습니다.
무엇을 하든지, 그것이 끝내 말썽으로 이어집니다.
야단을 쳐도 그때뿐이고, 타일러도 그때뿐입니다.
주님!
○○(이)가 자기의 생각과 마음을 스스로 어떻게 할 수

없나봅니다.

정서적으로 불안정한 아이의 모습을 보며, 아이에게 좋은 가정 환경을 만들어 주지 못한 것 같아 미안한 마음만 앞섭니다.

주님!

○○(이)를 긍휼히 여기셔서 정서적 안정을 찾을 수 있도록 도와주옵소서.

사랑받기 위해 태어난 아이, 문제아나 천덕꾸러기가 되지 않게 도와주시고 이끌어 주옵소서.

주님!

저는 부모로서 부족함이 너무 많습니다. 부족함이 너무 많다는 것을 알기에 모든 것 되시는 주님을 간절히 의지합니다.

주님이 빚으시면 분명히 사랑받는 아이로, 칭찬 듣는 아이로 성장하게 될 것을 믿습니다.

○○(이)의 생각을 붙들어 주시고, 그 마음을 주장하여 주세요.

예수 그리스도의 이름으로 기도합니다. 아멘

기도체크

혼자 있기 좋아해요

말씀을 의지함(Relying on the Word)　　　　　잠언 8:17

나를 사랑하는 자들이 나의 사랑을 입으며 나를 간절히 찾는 자가 나를 만날 것이니라

사랑의 주님!
사랑하는 ㅇㅇ(이)를 축복하며 간절한 마음을 담아 주님께 아룁니다.
ㅇㅇ(이)가 늘 혼자 있기 좋아합니다. 또래들과 어울려 같이 놀기도 하고, 때로는 다투는 모습도 있어야 하는데, 늘 혼자 있기를 좋아합니다.
혼자서 노는 것도 잘하고, 게임도 잘하고, 공부도 잘하지만, 다른 친구와 어울리기 싫어하는 아이의 모습을 보며, 이러다 대인기피증이 생기는 것은 아닐까 걱정스런 생각이 가슴을 두근거리게 합니다.
미리 걱정할 필요야 없겠지만 훗날, 성인이 되어 사회생활에 적응하지 못한다면 아이의 인생에 이보다 더 심각한 일이 어디 있겠습니까?

주님!

○○(이)가 자신이 만들어 놓은 틀 속에만 갇혀 사는 아이가 되지 않기 원합니다.

자신의 취향대로만 생각을 심는 아이가 되지 않기 원합니다.

밖을 내다 볼 줄 아는 아이가 되게 하여 주시고, 남과 어울릴 줄 아는 아이가 되게 하여 주옵소서.

교회도, 단지 예배만 드리고 오는 것이 아니라, 다른 친구들과 어울리기도 하고, 장난도 치며, 재밌게 놀이도 하고, 대화도 나눌 수 있도록 이끌어 주옵소서.

주님!

간절히 바라오니 ○○(이)의 성격과 성품을 변화시켜 주옵소서.

○○(이)의 좁은 마음을 활짝 열어주시며, 닫힌 공간도 활짝 열어주셔서 더 넓은 미래를 품을 수 있는 아이가 되게 하옵소서.

예수 그리스도의 이름으로 기도합니다. 아멘

기도체크

게임을 너무 좋아해요

말씀을 의지함(Relying on the Word) 시편 119:9

청년이 무엇으로 그의 행실을 깨끗하게 하리이까 주의 말씀만 지킬 따름이니이다

사랑의 주님!
사랑하는 ○○(이)를 축복하며 간절한 마음을 담아 주님께 아룁니다.
○○(이)가 게임을 너무 좋아합니다.
게임중독은 아닌지 의심스러울 정도로 지나치게 게임에 몰입해 있습니다.
한창 배우고 익혀야 할 시기에 공부는 뒷전이고, 오로지 게임에만 매달려 있는 아이를 볼 때, 부모로서 아이의 미래를 걱정하지 않을 수 없습니다.
야단도 쳐 보았습니다. 매도 들어보았습니다.
아이가 갖고 싶은 것을 사주며 달래보기도 하고, 설득해보기도 했습니다.
하지만 그때뿐입니다.

이제는 부모가 꾸짖기라도 하면 반항하고 대들기까지 합니다.
오! 주님,
어찌해야 합니까? 아이가 점점 중심을 잃어가고 있는 것 같아 너무나 안타깝고 두렵기까지 합니다.
○○(이)가 어릴 때부터 건전한 습관에 길들여 질 수 있도록 꼼꼼히 챙겨주었어야 했는데 그렇게 하지 못한 부모의 책임이 매우 큼을 깨닫습니다. 이 죄인을 용서하여 주옵소서.
주님!
○○(이)를 불쌍히 여겨주옵소서. 게임에 잠식당하고 있는 ○○(이)의 영혼을 붙들어주옵소서.
정신과 마음이 황폐화될까 두렵사오니 고쳐주시기 원합니다. 더 이상 게임에 마음이 끌리지 않도록 ○○(이)의 마음에 성령을 기름 붓듯 부어 주옵소서.
교회를 사랑하고, 주님을 사모하며, 주님을 의지할 수 있는 아이가 되게 하여 주옵소서.
주님의 치유의 손길을 간절히 소망합니다.
예수 그리스도의 이름으로 기도합니다. 아멘

기도체크

사춘기를 심하게 겪고 있어요

말씀을 의지함(Relying on the Word)　　　　시편 91:14

하나님이 이르시되 저가 나를 사랑한즉 내가 그를 건지리라 그가 내 이름을 안즉 내가 그를 높이리라

사랑의 주님!
사랑하는 ○○(이)를 축복하며 간절한 마음을 담아 주님께 아룁니다.
○○(이)가 지금 사춘기를 겪고 있습니다.
아이의 중심이 많이 흔들리고 있습니다.
가기 좋아하던 예배도 가기 싫다고 짜증을 내고, 하기 좋아하던 특기활동도 하기 싫다고 투정을 부리고 있습니다.
말 붙이기 무섭게 쏘아붙이지를 않나, 어떤 때는 방문을 걸어 잠그고 꼼짝도 않고 있습니다.
지뢰밭 같이 악이 득세하는 세상인지라 혹시나 불량스런 친구 꾐에 빠져 엉뚱한 길로 접어들지는 않을까 걱정이 앞섭니다.

주님!

사랑하는 ○○(이)가 인생에 한 번은 거쳐야할 이 사춘기를 잘 이겨나갈 수 있도록 도와주옵소서.

성격이 비뚤어지거나 잘못된 것에 손을 대지 않도록 그 마음을 성령의 줄로 굳게 붙들어 주옵소서.

○○(이)에게 놀라우신 주님의 지혜로 함께하셔서 마음이 답답할 때 기도할 수 있게 하시고, 생각이 복잡하거나 어수선 할 때 말씀을 묵상할 수 있게 하옵소서.

교회 친구들과도 전과 같이 아름다운 교제가 이어지게 하시고, 다시 즐거운 교회생활, 신앙생활이 회복될 수 있도록 이끌어 주옵소서.

능력의 우리 주님이, 사랑의 우리 주님이 ○○(이)의 앞길을 지도하시고 붙드실 것을 믿습니다.

○○(이)가 이제껏 알지 못했던 것을 알게 하시고, 깨닫지 못했던 것을 깨닫게 하셔서 더 나은 단계로 이끄실 것을 믿습니다.

예수 그리스도의 이름으로 기도합니다. 아멘

기도체크

깊은 수렁에서 건져주세요

말씀을 의지함(Relying on the Word)　　　　　　시편 40:2

나를 기가 막힐 웅덩이와 수렁에서 끌어올리시고 내 발을 반석 위에 두사 내 걸음을 견고하게 하셨도다

사랑의 주님!
사랑하는 ○○(이)를 축복하며 간절한 마음을 담아 주님께 아룁니다.
○○(이)를 깊은 수렁에서 건져주소서.
설마 했었는데, 설마가 현실이 되어버리고 말았습니다.
정말 제 아이가 이렇게 될 줄은 꿈에도 생각해 보지 않았습니다.
그렇게 착한 아이였는데, 내성적이었지만 부모의 말에 한 번도 토를 단적이 없던 아이였는데, 너무나 대견하고 믿음직스런 아이였는데, 이제는 제 폐부를 찌르고 가슴을 저미게 만듭니다.
주님!

사랑하는 ○○(이)와 연락이 닿지 않고 있습니다. 어디서 무얼 하고 있는지 불안하기만 합니다.

밤마다 잠을 못 이루고 있고, 음식 맛도 잃어버렸습니다. 누가 알까 봐 겁이 나고, 누가 묻기라도 할까 봐 얼른 자리를 피하게 됩니다.

전화벨 소리가 요즘처럼 반갑게 느껴진 적이 없는 것 같습니다. 혹시 문자라도 남기지 않을까 핸드폰을 수십 번 확인하게 됩니다.

주여!

사랑하는 ○○(이)를 불쌍히 여겨 주옵소서. 모든 것이 제 책임입니다. 제가 너무 아이에게 무관심했습니다. 모든 것이 제 잘못입니다.

사랑하는 ○○(이)를 깊은 수렁에서 건져주세요. 어둔 곳에서 방황하지 않도록 도와주세요. 마음을 돌이킬 수 있도록 이끌어 주세요.

○○(이)의 심령에 주의 빛을 강하게 비쳐주옵소서.

오! 주여! 불쌍히 여겨 주세요.

예수 그리스도의 이름으로 기도합니다. 아멘

기도체크

아이가 괴로워하고 있어요

말씀을 의지함(Relying on the Word)　　　　시편 34:18

여호와는 마음이 상한 자를 가까이 하시고 충심으로 통회하는 자를 구원하시는도다

사랑의 주님!
사랑하는 ○○(이)를 축복하며 간절한 마음을 담아 주님께 아룁니다.
○○(이)가 괴로워하고 있습니다.
성적 문제 때문이지, 친구 문제 때문인지, 진로 문제 때문인지, 무엇 때문에 저토록 괴로워하는지 이유를 모르겠습니다.
이유를 물어봐도 "몰라도 돼요!" 한마디 내뱉는 것이 전부입니다.
생기를 잃어버린 아이의 모습을 마냥 지켜보고만 있자니 제 마음도 무겁고 답답하기만 합니다.
주님!
사랑하는 ○○(이)에게 능력의 주님이 직접 찾아가 주

옵소서.
뭔지 모를 고민에 휩싸여 힘들어 하고 있는 저 아이를 불쌍히 여겨 주옵소서.
잊고 싶고, 감추고픈 상처가 있으면 주님이 치유하여 주시고, 말 못할 고민과 문제가 있으면 주님이 풀어 주옵소서.
저 어린 가슴에 생채기가 깊어지지 않기를 원합니다.
저 여린 마음에 슬픔과 괴롬이 오래도록 지속되지 않기를 원합니다.
심각한 단계로 나아가지 않도록 모난 마음 풀어 주시고, 닫힌 가슴 열어주옵소서.
어긋난 것이 있으면 바로잡아 주시고, 생각이 복잡하면 마음을 다스릴 지혜를 공급해주시옵소서.
주님!
우리 주님은 밝은 빛이시니 어두운 ○○(이)의 심령에 밝은 빛을 비추셔서 그늘진 얼굴에 생기가 돌게 하실 것을 믿습니다.
모든 것 주님께 맡기고 주님의 선하신 손길을 바라봅니다.
예수 그리스도의 이름으로 기도합니다. 아멘

기도체크

아이가 낙심하고 있어요

말씀을 의지함(Relying on the Word)   시편 147:3

상심한 자를 고치시며 그들의 상처를 싸매시는도다

사랑의 주님!
사랑하는 ○○(이)를 축복하며 간절한 마음을 담아 주님께 아룁니다.
○○(이)가 자신이 노력한 결과대로 되지 않아 낙심하고 있습니다.
의욕을 잃은 채 풀죽어 있는 아이가 너무나 안쓰러워 보입니다.
이번에 기대했던 것이 너무나 컸었나 봅니다.
이번엔 꼭 좋은 결과를 얻으리라 확신했던 모양입니다.
부모인 저도 그랬었습니다.
밤잠을 자지 못하며 최선을 다하는 아이의 모습을 볼 때 반드시 좋은 결과를 얻을 수 있으리라 믿었습니다.

그러나 이런 결과를 대하고 보니 아이의 마음도 힘들고 괴롭겠지만 저에게도 적잖은 마음의 부담으로 자리 잡습니다.
하지만 어찌합니까. 결과를 겸허히 수용할 수밖에요.
주님!
우리 주님이 상심한 ○○(이)의 마음을 달래주옵소서.
바라던 결과를 얻지 못했어도 최선을 다한 것으로 부끄러워하거나 힘들어하지 말게 하옵소서.
○○(이)에게 다시 일어설 수 있는 힘을 공급해주시고 다시 도전할 수 있는 용기를 주옵소서.
그리고 이럴 때일수록 자신의 한계를 인정하고 능력의 주님을 더욱 의지할 수 있는 아이가 되게 하여 주옵소서.
주님이 도우시고 인도해 주셔야만 복된 결실을 맺을 수 있음을 깨닫는 기회를 얻게 하옵소서.
예수 그리스도의 이름으로 기도합니다. 아멘

기도체크

교회를 멀리하는 것 같아요

말씀을 의지함(Relying on the Word) 시편 73:28

하나님께 가까이 함이 내게 복이라 내가 주 여호와를 나의 피난처로 삼아 주의 모든 행적을 전파하리이다

사랑의 주님!
사랑하는 ○○(이)를 축복하며 간절한 마음을 담아 주님께 아룁니다.
○○(이)가 교회를 멀리하려고 하는 것 같습니다.
저는 아이가 교회에 잘 다니는 줄 알고 있었는데, 어느 날 담당 선생님으로부터 듣게 된 말은 제게 너무나 충격이었습니다.
예배에 자주 빠진다는 거였습니다.
그것도 퍽 오래 되었다는 것입니다.
집에서는 분명히 교회 간다고 나가는 아이였는데, 헌금하라고 헌금까지 손에 쥐어 보냈는데, 아이가 저를 속이고 있었다는 것을 생각하니 너무나 속상합니다.

주님!
아직 철이 없어서 그럴 수도 있겠지만, 부모를 속이는 습관이 길들여진다면 얼마나 끔찍한 일입니까?
주님을 멀리하는 습관에 길들여진다면 얼마나 불행한 일입니까?
헌금을 함부로 다루는 습관이 생긴다면 얼마나 안타까운 일입니까?
오! 주여,
사랑하는 ○○(이)의 생각과 마음을 다잡아 주시고, 손과 발을 붙들어 주옵소서.
악인의 꾀를 좇지 않게 하시고, 죄인의 자리에 서지 않게 하옵소서.
인생의 중요한 시기에 악습관에 길들여지지 않도록 주의 오른손으로 붙들어 주옵소서.
예배의 사람으로 다듬어질 수 있도록 성령의 도우심이 있게 하옵소서.
주님을 사랑하며, 주님을 사모할 수 있는 마음이, ○○(이)의 마음에서 떠나지 않기를 간절히 원합니다.
예수 그리스도의 이름으로 기도합니다. 아멘

기도체크

반항심이 심해요

말씀을 의지함(Relying on the Word) 잠언 6:23

대저 명령은 등불이요 법은 빛이요 훈계의 책망은 곧 생명의 길이라

사랑의 주님!
사랑하는 ○○(이)를 축복하며 간절한 마음을 담아 주님께 아룁니다.
부모의 말이라면 거역치 않고 순종하던 온순한 아이가 반항합니다.
대들듯이 쏘아붙이는 아이의 반항 앞에서 저는 너무 어안이 벙벙하여 할 말을 잃어버렸습니다.
순간 하늘은 노래졌고, 눈앞은 캄캄해져 아무것도 보이지 않았습니다.
무엇을 야단치려다 이지경이 되었는지, 아무것도 생각나지 않습니다.
그저 충격일 뿐입니다.

뛰쳐나가는 아이의 뒷모습을 보며 넋 나간 듯, 멍하니 보고 있어야만 했습니다.
주님!
제가 아이에게 야단친 것이 너무 심했던 것일까요?
제가 아이를 너무 윽박질렀던 것일까요?
저는 오늘 아이의 돌변한 태도에 당혹감을 감추지 못했습니다.
오! 주님,
사랑하는 ○○(이)가 잘못되어가는 것은 아니겠지요?
어쩌다 한번 울컥하는 마음으로 그런 것이겠지요?
앞으로 아이를 어떻게 대하며 이야기를 나눠야 할지 두려운 마음이 앞섭니다.
주님!
제게 아이를 노엽게 하지 않고 훈계할 수 있는 지혜를 주옵소서.
○○(이)도 부모의 권위에 순복할 줄 아는 아이가 되게 하옵소서.
오늘과 같은 일이 다시는 반복되지 않기를 소원합니다.
예수 그리스도의 이름으로 기도합니다. 아멘

기도체크

왕따를 당하고 있어요

말씀을 의지함(Relying on the Word)　　　　시편 34:15

여호와의 눈은 의인을 향하시고 그의 귀는 그들의 부르짖음에 기울이시는도다

사랑의 주님!
사랑하는 ○○(이)를 축복하며 간절한 마음을 담아 주님께 아룁니다.
○○(이)가 왕따를 당하는 것 같습니다.
학용품이나 용돈을 뺏기고 오는 일이 일쑤이고 매 맞는 일이 너무 잦습니다.
심성이 착한 아이인데, 양보심 많은 아이인데, 남을 배려할 줄 아는 아이인데, 왜 이런 우리 아이가 왕따를 당하는지 도무지 이해할 수 없어요.
화가 나서, 도무지 참을 수 없어서 학교로, 부모들의 집으로 달려가고 싶었지만, 나중에 더 심하게 당하는 것은 아닐까 겁이 나서 분노의 감정을 스스로 삭이고 말았습니다.

주님!
사랑하는 ○○(이)가 너무 너무 괴로워하고 있습니다.
학교에 가기를 힘들어합니다.
친구들 대하기를 두려워합니다.
늘 당하고만 있는 자신도 너무나 미운가봅니다.
전학을 갔으면 하지만 다른 곳으로 이사 갈 형편도 되지 않습니다.
주님!
우리 ○○(이)를 긍휼히 여기시고 불쌍히 여겨 주옵소서.
방법이 보이지 않습니다.
주님이 도우셔야 합니다.
하늘의 천사들을 동원시켜 주셔서 ○○(이)를 보호하여 주옵소서.
고통을 부르는 친구들의 언어가 닫혀지게 하시고, 이유 없이 괴롭히는 친구들의 마음에 우정의 새싹이 돋아나게 하옵소서.
주님의 간섭하심을 간절히 소원합니다.
떨리는 손을 붙잡아 주소서.
예수 그리스도의 이름으로 기도합니다. 아멘

기도체크

방황하고 있어요

말씀을 의지함(Relying on the Word) 시편 119:133

나의 발걸음을 주의 말씀에 굳게 세우시고 어떤 죄악도 나를 주관하지 못하게 하소서

사랑의 주님!
사랑하는 ○○(이)를 축복하며 간절한 마음을 담아 주님께 아룁니다.
○○(이)가 방황하고 있습니다.
회개할 것이 없는 아흔 아홉이 있어도 죄 짓고 방황하는 한 영혼을 잊지 않고 기다리시는 주님이심을 믿습니다.
아이가 방황하는 것은 전적으로 이 못난 부모 때문임을 고백합니다.
아이가 품 안에 있을 때, 진지한 관심을 보이지 못했던 이 못난 죄인을 용서하여 주옵소서.
주님!
가정을 떠나 방황하는 아이를 생각할 때마다, 마음이 몹

시 아파옵니다.

방황하는 아이를 불쌍히 여겨 주옵소서. 부모로서 어찌해볼 도리가 없어 주님의 손에 전적으로 맡깁니다.

그 아이를 사랑의 주님이 설득하여 주옵소서.

한없으신 사랑으로 그 아이의 마음을 덮어주셔서 완악함이 녹아지게 하시고, 그 어두운 영혼에 주님의 밝은 빛을 비추셔서 흑암에서 건지시옵소서.

그 아이의 눈을 밝혀 주셔서 자신이 가고 있는 길이 멸망의 길임을 보게 하옵소서.

주님!

우리 주님은 택한 자를 결코 버리지 아니하시는 주님이심을 믿습니다.

예전과 같이 주님을 경외하며, 믿음의 길을 잘 달려갈 수 있도록 이끌어 주옵소서.

사랑하는 ○○(이)가 어릴 때부터 주님을 위하여 아름답게 쓰임 받는 의의 도구가 되게 하옵소서.

예수 그리스도의 이름으로 기도합니다. 아멘

기도체크

장애가 있어요

말씀을 의지함(Relying on the Word)　　　　이사야 43:21

이 백성은 내가 나를 위하여 지었나니 나를 찬송하게 하려 함이니라

사랑의 주님!
사랑하는 ○○(이)를 축복하며 간절한 마음을 담아 주님께 아룁니다.
○○(이)에게 장애가 있는 것 우리주님은 잘 아시지요?
처음에는 하늘이 무너지는 것 같은 충격을 받았지만 저희 가정에 장애아를 주신 주님의 섭리가 계심을 믿고 잘 키우고 있습니다.
그러나 장애가 없는 아이들도 왕따를 당하는 세상인데, 또래들에게 놀림을 당하는 것은 아닌지 늘 염려가 앞섭니다.
주님!
혹 놀림당하는 일이 있다 할지라도 깊은 상처가 되지 않도록 주님이 그때그때 아이의 마음을 어루만져 주세요.

아이가 장애를 안고 살다보면 답답할 때도 많을 것입니다.
때로는 비참하게 느껴질 때도 있을 것입니다.
우수어린 눈물도 흘릴 때가 있을 것입니다.
그때마다 주님이 정답고 다정한 친구가 되어 주셔서 위로를 주시고, 용기를 주세요.
비장애인 아이에 비하여 한없이 부족하지만 자기 나름대로 하나하나 이루어 내려고 하는 것을 볼 때, 저희는 잔잔한 감동과 위로를 얻습니다.
그리고 너무 대견한 마음도 들고요.
우리 주님이 빚으신 아이이기에 주님의 영광을 위하여 복 있는 도구로 쓰실 것을 믿습니다.
주님!
사랑하는 ○○(이)를 위하여 더 많이 기도하고, 더 많이 희생하겠습니다.
○○(이)를 보면서 늘 변함없이 우리 주님께 감사할 수 있도록 힘주시고 인도하여 주세요.
예수 그리스도의 이름으로 기도합니다. 아멘

기도체크

놀림을 당하고 있어요

말씀을 의지함(Relying on the Word) 이사야 44:21

야곱아 이스라엘아 이 일을 기억하라 너는 내 종이니라 내가 너를 지었으니 너는 내 종이니라 이스라엘아 너는 나에게 잊혀지지 아니하리라

사랑의 주님!
사랑하는 ○○(이)를 축복하며 간절한 마음을 담아 주님께 아룁니다.
○○(이)가 장애를 갖고 있는 아이이기에 상처를 받는 일이 발생하지는 않을까 늘 마음 졸였는데, 드디어 올 것이 오고야 말았습니다.
○○(이)가 철없는 친구들로부터 놀림을 당했나봅니다.
부모인 저도 마음이 찢어지고 속상한데, 아이의 마음이야 오죽하겠습니까?
괴롭고 상처받은 아이의 마음, 주님의 너른 가슴으로 품어주시고 위로하여 주옵소서.
주님!

지금껏 살아온 날보다 앞으로 살아야 할 날이 더 많은 아이입니다.
육체의 장애가 정신의 장애로 이어지지 않도록 주님의 놀라우신 지혜로 함께 하시고, 성격이나 성품이 비뚤어지지 않도록 이끌어 주옵소서.
조금씩 철이 들면서 장애도 주님이 주신 귀한 은사임을 깨닫게 하시고, 주님이 주신 목적에 이끌려 살 수 있도록 도와주옵소서.
장애는 불편한 것이지 불행한 것이 아님을 깨닫게 하시며, 성장할수록 주님의 섭리를 깨달아 알 수 있도록 인도하여 주옵소서.
주님!
지금껏 그랬듯이, 앞으로도 사랑하는 ○○(이)의 아픔을 품고 주님의 보좌 앞을 눈물로 적시겠습니다.
아이를 위하여 마음을 쏟고 영혼을 쏟으며 기도의 산제물이 되겠습니다.
사랑하는 ○○(이)가 우리 주님께 아름답게 쓰임 받는 축복의 그릇이 되도록 인도하여 주옵소서.
예수 그리스도의 이름으로 기도합니다. 아멘

기도체크

아이가 너무 아파요

말씀을 의지함(Relying on the Word)　　　　말라기 4:2

내 이름을 경외하는 너희에게는 공의로운 해가 떠올라서 치료하는 광선을 비추리니 너희가 나가서 외양간에서 나온 송아지 같이 뛰리라

사랑의 주님!
치료하시는 주님이시기에 사랑하는 ○○(이)를 위하여 간절한 마음을 담아 간구합니다.
○○(이)가 질병으로 고통당하고 있음을 우리 주님은 아시지요?
아이가 감당하기엔 너무 벅찬 질병이 아닌가요?
아이는 흔한 감기 정도로 알고 있어요.
질병이 뭔지도 모르는 아이가 짊어지기에 너무나 무거운 멍에가 아닌가요?
저 어린 몸에 어쩌다 이 같은 무서운 질병이 찾아 왔는지 너무 야속하기만 합니다.
주님!

저에게 내리실 징계를 아이에게 내리시는 것이라면 지금 속히 거두시고 저를 징계하여 주세요.
아이를 사랑하였지만 아이가 우상은 아니었습니다.
어떻게든 신앙으로 잘 양육하려고 힘쓴 것밖에는 없는 것 같은데, 무지한 이 영혼이 주님의 뜻이 무엇인지 깨닫기 어렵습니다.
주님!
사랑하는 ○○(이)를 한 번만 살려주세요.
지금은 너무 이르잖아요.
꿈이 많은 아이입니다.
그 꿈을 꺾지 말아 주옵소서.
회당장 야이로의 딸을 살리시고, 나인성 과부의 아들을 살리신 그 능력의 손길을 저 어린 몸에 얹어주옵소서.
주님을 사랑하는 아이입니다.
예배드리기를 기뻐하는 아이입니다.
저 어린 영혼의 신음을 기억하옵소서.
능력의 손을 펴셔서 고쳐주시고 치료하여 주옵소서.
예수 그리스도의 이름으로 기도합니다. 아멘

기도체크

아이가 수술대에 오릅니다

말씀을 의지함(Relying on the Word)　　　　시편 34:20

그의 모든 뼈를 보호하심이여 그중에서 하나도 꺾이지 아니하도다

사랑의 주님!
낫게 하시는 주님이시기에 사랑하는 ○○(이)를 위하여 간절한 마음을 담아 간구합니다.
○○(이)가 수술대에 오르게 되었습니다.
주님도 제 마음 같으시겠죠?
어린것이 수술을 잘 견뎌 낼 수 있을까? 두렵고 떨립니다.
아이도 그럴 것입니다.
저 어린 손을 꼭 붙들어 주옵소서.
평안의 마음을 주시고, 용기를 주옵소서.
주님!
결코 있어선 안 될 일이지만, 요즘 의료사고가 자주 발생한다는 것을 아시지요?

의사의 순간의 부주의나 실수로 돌이킬 수 없는 아픔이 주어지지 않기를 원합니다.
수술을 집도하는 의사의 손길을 주의 오른손으로 굳게 붙드시고 지혜와 인술의 능력을 더하여 주옵소서.
어린 생명이 자신의 손끝에 달려있음을 잊지 않게 하시고, 최선을 다하여 수술에 임할 수 있도록 체력과 집중력을 더하여 주옵소서.
주님!
좋은 결과가 있기를 간절히 소망합니다.
수술이 잘되게 하여 주시고, 말로다 표현키 어려운 감사의 고백을 주님께 드릴 수 있게 하옵소서.
우리 주님은 상한 갈대를 꺾지 않으시고, 꺼져가는 심지를 끄지 않으시는 분이심을 믿습니다.
주님!
앞으로 ○○(이)가 모든 질병으로부터 고통받는 일이 없도록 성령의 화염검으로 막아주옵소서.
건강한 육체와 온전한 정신으로 주님을 더 잘 섬길 수 있도록 은총을 베풀어 주옵소서.
예수 그리스도의 이름으로 기도합니다. 아멘

기도체크

아이가 불치병 환자입니다

말씀을 의지함(Relying on the Word)　　　시편 42:11

내 영혼아 네가 어찌하여 낙망하며 어찌하여 내 속에서 불안해 하는가 너는 하나님께 소망을 두라 나는 그가 나타나 도우심으로 말미암아 내 하나님을 여전히 찬송하리로다

사랑의 주님!
못 고칠 질병이 전혀 없으신 주님이시기에 사랑하는 ㅇㅇ(이)를 위하여 간절한 마음을 담아 간구합니다.
의사는 가망이 없다고 말하지만 저는 포기할 수 없습니다.
주님은 저희를 포기하지 않으시고 죄에서 구원해주셨잖아요?
주님처럼 그 어떤 희생의 대가를 치른다 할지라도 저는 절대로 포기하지 않겠습니다.
그것이, 포기하지 않는 주님을 닮는 것이 아닌가요?
오! 주님,
저는 정말 아이를 포기할 수 없습니다.

주님이 저희 가정에 내려주신 은총이자 보배로운 선물이기에, 저는 절대로 포기하지 않을 겁니다.
제 생명과 아이의 생명이 연결되어 있음을 주님은 아시지요?
더 이상 제게는, 그 어떤 욕심도 그 어떤 소망도 없습니다. 오직 아이를 살리는 것뿐입니다.
건강하지 않아도 좋습니다. 장애를 갖고 살아도 좋습니다. 살려만 주옵소서.
그 어떤 희생도 다 감당하겠습니다.
절대로 후회하지 않겠습니다.
아이에게 생명만이라도 붙어있게 하옵소서.
오! 주님,
사랑받기 위하여 태어난 아이가 아닙니까? 주님의 섭리하에 주신 아이가 아닙니까?
죽기까지 사랑하심으로 구원을 주신 그 은혜, 한 번만 더 내려 주세요.
생명의 강가에서 뛰놀며 주님의 은총을 찬양할 수 있게 해주세요.
예수 그리스도의 이름으로 기도합니다. 아멘

기도체크

아이가 시한부 판정을 받았습니다

말씀을 의지함(Relying on the Word)　　　마태복음 12:20

상한 갈대를 꺾지 아니하며 꺼져가는 심지를 끄지 아니하기를 심판하여 이길 때까지 하리니…

사랑의 주님!
생명의 주인은 오직 주님이시기에 사랑하는 ○○(이)를 위하여 간절한 마음을 담아 간구합니다.
시한부 판정을 받은 ○○(이)를 불쌍히 여기시옵소서.
어린것이 짊어지기엔 너무나 벅찬 십자가라는 것을 주님은 아시잖아요.
병상의 생활에 지쳐가는 아이가, 바깥세상이 그리워 빨리 집으로 가자고 떼를 쓸 때, 그 부탁을 들어줄 수 없는 제 마음이 너무나 괴롭고 답답하기만 합니다.
자신에게 죽음의 그림자가 드리워진 줄도 모르고 먹고 싶은 것 못 먹고, 하고 싶은 것 못한다고 투정하는 아이를 보면 너무나 가여워 견딜 수가 없습니다.
아시죠, 주님! 제가 너무 부족한 부모였다는 것을, 저는 아이의 그 소박한 욕구도 충족시켜 주지 못한 무능한 부모였습니다.

지금도 아이의 질병보다는 쌓여가는 병원비를 걱정하고 있는 옹색하고 치졸한 부모입니다. 제 처지와 형편이 이렇습니다.

주님!

저는 매일 눈물로 양식을 삼고 있습니다. 저 아이의 생명만 꺼져가고 있는 것이 아니라 제 생명도 꺼져가고 있는 것 같습니다.

이대로 포기해야만 하는 것일까요? 그저, 꺼져가는 아이의 생명을 우두커니 지켜보고만 있어야 하는 것일까요?

아이가 어떻게 살 수 있는 길이 없을까요?

주님!

간절히 구하오니 사랑하는 ○○(이)를 살려주옵소서. 제 평생에 최대의 소원이자 마지막 소원입니다.

사망의 그늘에서 어서 속히 건져 주옵소서. 간절히 간구하오니 지체하지 마옵소서.

예수 그리스도의 이름으로 기도합니다. 아멘

기도체크

하늘나라로 보냈어요

말씀을 의지함(Relying on the Word) 욥기 1:21

주신 이도 여호와시요 거두신 이도 여호와시오니 여호와의 이름이 찬송을 받으실지니이다

자비로우신 주님!
너무나 고통스런 이별이었지만 오늘 아이를 주님이 계신 곳으로 보냈습니다.
그리고 저는 사랑하는 ○○(이)를 가슴에 묻었습니다.
아이를 가슴에 묻어야 하는 부모의 심정, 주님은 아시지요?
아이를 떠나보낼 때 솔직히 주님과도 이별하고 싶은 마음이 들었습니다.
그런데 갈 데가 없어 이렇게 초췌한 모습으로 주님을 다시 찾게 되네요.
주님!
솔직히 주님을 원망하러 왔어요.
주님께 투정부리려고 왔어요. 주님이 너무 야속해요.
그토록 주님께 매달렸는데, 부모의 죄 때문인 것 같아

그토록 눈물로 회개하며 애원했는데 이게 뭔가요.
서둘러 부르실 정도로 ○○(이)가 지금 꼭 천국에 필요하셨나요?
많은 사람들이 위로하지만, 저는 그 위로가 귀에 하나도 들어오지 않습니다.
단지, 위로받으면 해결될 문제가 아닌 것을 주님은 너무나 잘 아시지요?
아! 주님,
저는 이제 어떻게 살아야 하지요?
너무 견디기 어려워요.
너무나 슬프고, 너무나 괴로워요.
세월이 가면 언젠가는 저에게 가장 슬픈 사건이 잊지 못할 슬픈 사연으로만 기억되겠지요.
그러나 지금은 삶의 의욕을 잃어버렸습니다. 모든 것이 허무하고 귀찮습니다. 죽고 싶습니다.
주님!
지금 사랑하는 ○○(이)가 죽도록 보고 싶어요. 제 영혼을 불쌍히 여겨 주옵소서.
예수 그리스도의 이름으로 기도합니다. 아멘

기도체크

너무나 갑작스런 이별입니다

말씀을 의지함(Relying on the Word)　　　시편 37:23,24

여호와께서 사람의 걸음을 정하시고 그의 길을 기뻐하시나니 그는 넘어지나 아주 엎드러지지 아니함은 여호와께서 그의 손으로 붙드심이로다

긍휼히 여기시는 주님!
오늘 아이를 주님께 보내드리며 저는 가슴에 묻었습니다.
아이가 쓰던 걸상에 앉아 책상에 놓인 아이의 얼굴을 보고 있자니 서럽고 서글픈 마음에 눈물만 하염없이 흐릅니다.
주님!
저는 이렇게 이별을 실감할 수 없는데, 주님은 그렇게 급하셨는지요.
갑작스런 아이와의 이별을 어떻게 받아들여야 할지 모르겠어요.
아이로 인하여 행복해하던 저의 작은 기쁨이 그렇게 지나쳐 보였나요?

아이에게 기대를 걸었던 저의 소박한 소망이 그렇게 큰 욕심이었을까요?
이제 제게 남아있는 아이의 흔적을 어떻게 정리해야 하지요?
제 품에 묻어 있는 아이의 체온을 어떻게 식혀야 하지요?
주님은 모든 것을 아시오니 어찌할 바를 몰라 넋 놓고 있는 제게 가르쳐주세요.
주님!
신앙인이기에 자신을 속이면서까지 애써 태연한척하고 싶지 않습니다.
사랑하는 아이를 잃은 심정이 어떻다는 것을 주님은 잘 아시잖아요.
저는 지금 충격이 너무 커요.
솔직히 꿈을 꾸고 있는 것이면 좋겠습니다.
아! 주님,
도대체 주님의 뜻이 무엇인가요?
제발 저에게 침묵하지 말아주세요.
마음을 추스르고 주님을 원망하지 않도록 확실한 음성을 들려주옵소서.
주님의 진실한 응답을 듣고 싶습니다.
예수 그리스도의 이름으로 기도합니다. 아멘

기도체크